빛깔있는 책들 204-11

씨름

글/이만기, 홍윤표

대원사

이만기

1963년 경남 의령에서 태어났다. 마산 무학초등학교 5년 때부터 샅바를 잡기 시작, 마산상업고등학교, 경남대학교를 거쳐 현대중공업 코끼리씨름단에서 선수생활을 하였다. 경남대학교 2년 때인 1983년 4월 제1회 천하장사 민속씨름대회에서 우승, 일약 모래판의 최강자로 떠올랐다. 1991년 3월 은퇴할 때까지 프로씨름 통산 천하장사 10번, 백두장사 18번, 한라장사 7번, 기타 대회 14번 등 각종 장사 타이틀을 모두 49차례나 차지했다. 은퇴 후 중앙대학교 대학원에서 운동생리학으로 박사학위를 취득하였다. 현재는 인제대학교 교수로 재직하면서 후진 양성에 힘쓰고 있으며 KBS 씨름 해설위원으로도 활동하고 있다.

홍윤표

1953년 강원도 삼척에서 태어났다. 신일고등학교, 동국대학교 철학과를 나왔다. 1982년 한국일보사에 입사한 이래 일간스포츠 체육부와 야구부에서 20여 년간 체육기자 생활을 했다. 1989년에는 1년 동안 일본 게이오대학 신문연구소 연수를 거쳤고 1998년 제10회 이길용체육기자상을 수상하였다. 일간스포츠 체육담당 부국장과 편집위원을 지냈으며 2003년 5월부터 한국씨름연맹 사무총장으로 재직하고 있다.

☞ 사진 도움 주신 곳 : 일간스포츠 사진부
☞ 이 책의 씨름 기술 부분에 활용된 씨름캐릭터는 한국 씨름연맹 선정 공식 씨름캐릭터인 씨르미(SIRAMI)이며 이 책의 출판을 위해 씨르미의 사용을 기꺼이 허락해 준 씨르미 저작권자인 이정주(李妵柱) 씨께 감사드립니다. 아울러 씨름캐릭터(씨르미)에 대한 모든 권한은 이정주 씨에게 있습니다.

씨름

머리말

흔히 우리 민족의 특성을 표현할 때 은근과 끈기를 내세운다. 씨름경기 장면을 보노라면 이러한 우리 민족의 특성이 잘 농축된 민족 스포츠라는 생각이 절로 들게 된다. 샅바를 잡고 경기에 들어가는 과정에서 절제된 은근함이 물씬 풍기고, 상대를 넘어뜨리기 위해 치열한 싸움을 전개하는 동작에서는 박진감이 넘치고 끈기가 불꽃처럼 타오른다. 경기 도중 두 장사가 어깨를 마주 대고 배를 불룩거리면서 가쁜 숨을 몰아쉬며 땀방울을 뚝뚝 떨어뜨리는 모습은 구경꾼으로 하여금 알 수 없는 비감(悲感)과 아울러 자못 희화적인 느낌마저 안겨 준다.

씨름은 생존의 한 수단인 원초적인 힘겨룸에서 출발했다. 처음에는 제의(祭儀)의 형태였으나 차츰 놀이의 형식을 갖추며 발전되어 온 것으로 추정된다. 씨름이 우리 민족의 숨결 속에 터전을 잡고 면면히 뿌리를 내린 것은 농경사회에서 누구나 쉽게 어울리고 호흡할 수 있는 놀이였기 때문이다.

또한 시간과 공간의 제약을 크게 받지 않는 까닭에 저잣거리나 나루터, 강변 백사장 등지에서 씨름꾼과 구경꾼이 한데 어울려 흥겨운 난장판을 벌였고 민초들은 비록 한순간이나마 삶의 고달픔을 잊을 수 있었다.

시인 신경림(申庚林)은 장바닥 씨름판의 모습을 「씨름」이라는 시에서 이렇게 그려 놓았다.

난장이 끝났다. 작업복
소매 속이 썰렁한 장바닥.
외지 장꾼들은 짐을 챙겨

정미소 앞에서 트럭을 기다리고
또는 씨름판 뒷전에 몰려
팔짱을 끼고 술렁댄다.

깡마른 본바닥 장정이
타곳 씨름꾼과 오기로 어울어진
상씨름 결승판. 아이들은
깡통을 두드리고 악을 쓰고
안타까워 발을 동동 구르지만
마침내 나가 떨어지는 본바닥
장정. 백중 마지막 날.

해마다 지기만 하는 씨름판
노인들은 땅바닥에 침을 배앝다.
타곳 씨름꾼들은 황소를 끌고
장바닥을 돌며 신명이 났는데

학교 마당을 벗어나면
전깃불도 나가고 없는 신작로.
씨름에 져 늘어진 장정을 앞세우고
마을로 돌아가는 행렬은
참외 수박 냄새에도 이제 질리고
면장집 조상꾼들처럼 풀이 죽었다.
　　　　－시집 『농무(農舞)』 가운데－

　　유구한 세월 동안 우리 민족의 생활상을 대변하던 씨름은 일제에 민족 주
권을 상실하면서 한동안 침체의 늪에서 헤어나지 못했다. 그러다가 8·15

해방을 계기로 소생하기 시작하여 1970~80년대에 제도적인 틀을 갖추고 부흥을 이룩했다. 1983년부터는 프로 씨름이 생겨났고, 이만기 같은 유명 씨름꾼들을 배출해내면서 오늘날에 이르고 있다.

씨름은 상대를 쓰러뜨리는 것으로 결판을 낸다(무릎 위 몸체가 모랫바닥에 먼저 닿은 선수가 지게 된다). '넘어지면 진다'는 원칙은 중요한 의미를 지닌다. 마치 어린아이가 걸음마를 떼면서 상대를 끌어안고 넘어지는 법을 배

제1회 천하장사씨름대회 우리 씨름은 1983년 프로화를 표방하고 그해 4월 14일부터 17일까지 장충체육관에서 제1회 천하장사씨름대회를 개최하여 중흥의 전기를 마련하였다.

우뜻 씨름은 원초적이고 본능적인 몸짓의 원형(原形)과 같은 것이다.

씨름은 뚝심과 순발력, 지구력 등을 바탕으로 한 중심운동으로 상·하체를 균형 있게 고루 발달시킬 수 있어 최근에는 우리네 생활 속에서 응용할 수 있는 생활 스포츠로도 각광을 받고 있다. 앞으로 스포츠 분야의 남북 교류시 가장 손쉽게 민족의 일체감과 동질성을 확인할 수 있는 경기로 주목되는 것이 바로 씨름이다.

이 책은 20여 년 동안 체육기자로 뛰면서 씨름에 대해 각별한 관심을 기울여 온 필자(홍윤표)가 이만기 인제대학교 교수와 함께 나름대로 체계적인 정리를 시도한 것이다. 최초로 씨름의 어원을 더듬었고, '한국 씨름의 아버지'로 불렸던 월북 씨름인 나윤출의 씨름 이론 체계와 씨름사에 편입되지 못했던 여자 씨름도 간략하게 살펴보았다. 씨름의 기술 분야는 현역 시절 '씨름의 달인'으로 유명했던 이만기 교수가 실전 경험과 다년간 현장에서 선수들을 가르치면서 터득한 원리를 토대로 일반인들도 쉽사리 따라할 수 있도록 기술한 것이다.

씨름의 기원 및 어원

씨름의 기원

　씨름은 인류 역사상 가장 오래된 경기다. 씨름으로 뭉뚱그릴 수 있는 여러 나라의 격투기 역사는 인류의 생존 과정과 그 궤를 같이한다.

　씨름을 고유의 민속경기로 즐기는 나라는 비단 우리뿐만 아니라 가깝게는 중국(솨이자오)이나 일본(스모), 몽골(부흐), 터키(야울귀레쉬, 카라쿠자크) 등의 아시아권과 러시아(삼보), 스위스(슈빙겐), 스페인(루차카나리아), 아이슬란드(펭, 글리마) 등 유럽권, 페루, 브라질, 아르헨티나 등 남미 제국 외에도 아프리카의 세네갈에 이르기까지 줄잡아 30여 개국에 이른다.

　까마득한 옛날부터 인간은 생존을 위한 격투기를 벌여 왔다. 그와 관련한 가장 오래된 역사 기록은 4,600여 년 전으로 거슬러 올라간다. 티그리스·유프라테스 문명으로 빛났던 고대 이라크 왕도의 토토브에서는 투기 장면이 그려진 항아리가 발굴되었다. 그리고 고대 문명이 번성했던 이집트 제12왕조의 고도(古都) 베니핫산에 있는 바케트 3세의 분묘벽화(기원전 2000년경으로 추정)나 몽골 올드스에서 출토된 고대 북방계 민족의 유물(기원전 300년경)에는 격투기 장면이 담겨 있다.

　인도에서도 불교의 개조(開祖) 석가모니가 출가하기 전 싯달타(悉達多)였을 무렵 힘겨루기를 하는 장면이 석가 전기『본행경(本行經)』의「제13각술쟁혼품(第一三角術爭婚品)」이라는 경전(經典)에 나온다. 싯달타가 종제(從弟) 아난다(阿難陀)와 아름다운 여인을 걸고 힘을 겨뤄서 이겨 아내로 맞이한다는 내용이다. 엄밀한 의미에서 현대의 씨름과는 거리가 멀지만 그

몽골 씨름 '부흐' 부흐에서는 몽골 특유의 화려한 경기 복장을 갖추게 된다. 여러 가지 면에서 우리나라 씨름과 유사하지만 다른 점도 많다. 손을 짚은 것만으로 승패가 결정되는 우리 씨름과 달리 팔꿈치, 무릎, 어깨, 등 등이 지면에 닿아야 비로소 패하게 된다.

원형으로 보이는 격투 장면이 새겨진 유물이나 기록이 고대 이집트나 바빌로니아 등지에서도 출토된 바 있다.

씨름의 역사를 기술할 때 빼놓을 수 없는 것이 중국의 씨름벽화(당시에는 씨름을 角觝라고 표기함)이다. 세계에서 처음으로 씨름벽화가 발견된 곳은 중국 하남성(河南省) 소재 후한(後漢) 말기 분묘(서기 2~3세기경)이다. 이곳의 '씨름벽화'는 『삼국지(三國志)』의 유비나 조조 같은 군웅들이 천하의 패권을 다투던 시대에 그려진 것으로 추정된다.

기원전 221~207년경 진(秦)시대의 『한서(漢書)』에는 "진의 무왕(武王)이 각력(角力)을 좋아했다"거나 "각저(角抵)를 시켰다"는 기록이 담겨 있는 것으로 보아 이미 진·한대에 씨름이 있었음을 알 수 있다.

중국 송(宋)시대 말엽의 『수호전(水滸傳)』에도 씨름 장면이 삽화로 나타난다. 당시 중국의 씨름은 단순한 놀이가 아니라 결투의 의미가 내포된 복합 무술이라고 볼 수 있다.

우리 씨름의 기원과 유래는 확실치 않다. 다만 1905년에 고구려의 도읍지였던 환도성(丸都省, 현재 만주 집안현 통구)에서 4세기경의 것으로 추정되는 각저총(角觚塚)이 발견되었는데, 이 분묘 현실(玄室)의 오른벽에 씨름하는 벽화가 그려진 것으로 미루어 보아 삼국시대 초기에 이미 씨름이 퍼져 있었음을 짐작할 수 있다.

일제 강점기의 민족사학자인 단재(丹齋) 신채호(申采浩)는 해방 직후인 1948년에 펴낸 『조선상고사(朝鮮上古史)』를 통해 고구려 태조왕(太祖王,

일본 스모와 스위스 슈빙겐 일본 스모(왼쪽)는 체중과 힘에 의한 밀어내기로 단판 승부를 가리는 경기다. 스위스의 슈빙겐(오른쪽) 역시 씨름의 방법에는 차이가 있으나 그 기본은 우리 것과 흡사하다.

서기 53~146년)과 차대왕(次大王, 146~165년) 시대의 '선비(이두로 先人 혹은 仙人이라 일컬음)'들이 씨름을 행한 것으로 기술해 놓았다. 그 골자는 "선비를 신수두 단전의 경기회에서 뽑아 학문을 힘쓰며 수박(手搏), 격검(擊劍), 사예(射藝), 기마(騎馬), 덕견이(택견), 씰흠 등 각종 기예를 했다"는 것이다. (『조선상고사』, 224쪽)

선비는 고구려 제6, 7대왕인 태조왕, 차대왕 당시 국가적인 인재양성제도로 신라 진흥왕(眞興王)이 그를 본떠 국선 화랑제를 운영함으로써 신라 발흥의 기틀이 되기도 했다. 이 같은 선비제도는 고구려 초기에 이미 인재양성의 방편으로 씨름을 장려했다는 증거도 된다.

씨름벽화나 선비제도를 통해 우리 씨름 역사가 적어도 1,500년 이상 된다는 것을 알 수 있다. 고구려에 비해 백제나 신라의 씨름에 대한 사료는 거의 없다. 다만 백제의 경우, 교류가 활발했던 일본의 『일본서기(日本書紀)』를 통해 그 흔적을 추측할 뿐이다. 『일본서기』에 따르면 황극천황(皇極天皇) 원년(642) 7월 9일에 "백제 사신 대좌평지적(大佐平智積) 등이 왔을 즈음 궁정에서 향응을 베푸는 한편 건아(健兒, 궁정의 근위병)에게 명해서 스모를 하게 했다"는 기록이 있는 것으로 미루어 백제에서도 씨름이 행해졌던 것으로 보인다.

조선시대 이후에는 단원(檀園) 김홍도(金弘道)가 「씨름」 그림에서 묘사했듯이 서민들 사이에서 씨름이 널리 성행하였다. 실제로 『동국세시기(東國歲時記)』에는 서민들이 음력 5월 5일 단오에 각지에서 씨름을 즐겼다고 기록되어 있다.

우리 씨름이 언제, 어디에서, 어떤 경로를 거쳐 한반도에 전파되어 정착했는가는 정설이 없다. 일설에는 몽골에서 중국 북동부 지방을 거쳐 한반도로 들어왔다는 주장도 있으나 뚜렷한 근거는 없다.

씨름의 어원

씨름은 예로부터 한자로는 각력(角力), 각저(角抵, 角觝), 각희(脚戲), 상박(相撲), 쟁교(爭校), 솔교(摔校), 요교(撩跤), 송교(送校), 환교(環校), 치우희(蚩尤戲) 등의 이름으로 불려져 왔다.

'각력'이라는 문자가 처음으로 문헌에 나타난 것은 약 2,500년 전 중국 유가(儒家)의 경전인 『예기(禮記)』의 월령(月令)에서였다. '각저'는 중국 최고의 역사서인 『사기(史記)』를 비롯한 여러 문헌에 무악(舞樂)을 포함한 잡기예(雜技藝)를 뜻하는 말로 사용되었다. 각력이나 각저의 각(角)은 '겨루다, 다투다', 저(抵, 觝)는 '치다, 때리다, 맞서다'라는 뜻이다.

『사기주(史記注)』에서는 "角者材也 抵者相抵觸也"라 하여 "각(角)이라는 것은 재(材)요, 저(抵)라는 것은 서로 부닥치는 것"이라 했다. 『한서주(漢書注)』에서는 "兩者相當 角力 角技藝射御 故名角抵 師古曰 抵者當也 非謂抵觸"라고 하였는데, 즉 "두 사람이 서로 맞서서 힘을 겨루고 기예와 활쏘기와 말 달리기를 겨루므로 이름을 '각저'라고 했다. 또한 중국 당나라 초기의 학자 안사고(顔師古)는 '저(抵)라는 것은 맞서는 것이요, 저촉하는 것이 아니다'고 풀이했다." 부연 설명하자면 '서로 달려들어(抵) 힘을 겨루는(角) 것'이 바로 각력이라는 뜻이다.

이 같은 각력이나 각저를 언제부터 '씨름'이라는 우리말로 부르게 되었는지 확실하게 규명된 바는 없으나 문헌에 나타난 연대별 표기를 대조해 보면 실흠(실홈)>시름>시룸>삐름>씨름>씨름으로 변천한 것으로 보인다.

씨름의 어원에 대한 견해는 큰 가닥을 잡아 보자면 대략 3가지 정도다.

첫째, 슬다/슬어디다(消) 또는 쁠다/쓰러디다(靡)의 어근이 명사화되었다는 설.
둘째, 영남 지방의 사투리에 서로 버티고 힘을 겨룬다는 '씨루다(견주다, 싸우다)'가 명사화해 '씨룸'이 되고 다시 '씨름'으로 되었다는 설.

셋째, 몽골어에 비추어 어원을 밝힌 견해다. 몽골어 bühe, bariltoho(씨름)은 우리말 발[足]과 뜻이 같고, 다리[脚]를 뜻하는 몽골어 silbi, sabár의 어근 'sil(실)'은 씨름의 어근 '실-'과 비교되므로 씨름을 다리의 경기로 보았다는 설.

(백문식, 『우리 말의 뿌리를 찾아서』, 1998)

씨름에 대한 한글 표기는 훈민정음을 반포(1446)한 다음해에 완성한 『석보상절(釋譜詳節)』에 처음으로 나타난다. 현존하는 한글 활자의 최고본(最古本)인 『석보상절』은 세종 29년(1447) 수양대군이 세종의 명에 따라 소헌왕후 심씨의 명복을 빌기 위하여 펴낸 책이다. 『석보상절』 총 24권 가운데 현재까지 발견된 것은 모두 8권인데, 그중 제3권 13장에 "調達이와 難陀왜 서르 실흠ᄒ니 둘희 히미 ᄀᆞᆮ거늘 太子ㅣ 둘흘 자바 ᄒᆞᆫᄢᅴ 그우리와ᄃᆞ시며 大臣炎光이라 ᄒᆞ리"라고 실려 있다. 씨름의 옛말인 '실흠' 표기가 등장한

『석보상절』에 나타난 씨름 표기 현존하는 한글 활자의 최고본인 『석보상절』에는 씨름의 옛말인 '실흠'이란 표기가 실려 있다.

것이다. 이 대목을 풀이하면 "조달이와 난다가 서로 씨름하니 둘의 힘이 같거늘 태자가 둘을 잡아 함께 넘어뜨리시며 대신염광이라 하리라"는 뜻이 된다.

그 이후 『박통사언해(朴通事諺解)』 중간본(重刊本) (조선조 숙종 3년 때인 1677년 권대련, 변섬, 박세화 등이 편찬한 중국어 학습 번역서)에서는 '시름(중권)'과 '시룸(하권)' 두 가지 표현을 사용했다.

그 구체적인 사용례를 보면 우선 '시름'의 경우 ① 이 초지에서 시름 비호쟈(這草地裏學猝校, 중권 50장) ② 겨퇴셔 시름 보는 사름둘이 닐오디(傍邊看猝校的人們, 중권 51장) 등이 있다.

『박통사언해』 중권 50장에는 "우리둘히 시름호디(自兩箇猝) 대개 뺨 티디 말고 됴히됴히 시름ᄒ쟈"는 표현이 등장하고, 하권 30장에는 "시룸ᄒ기롤 법저이 잡더라", "百官이 禮畢ᄒ 後에 시룸ᄒᄂ 양 보ᄃ니라"라고 표기해 놓았다. 이로 미루어 보면 조선조 중기 무렵에는 이미 '시름(씨름)'이라는 표현이 널리 사용된 듯하다.

숙종 16년(1690)에 신이행(愼以行)과 김경준(金敬俊)이 편찬한 『역어류해(譯語類解)』(천문, 지리, 기후 따위를 한글로 풀이한 책) 하권 23장에는 '실홈', 『한청문감(漢淸文鑑)』(정조 3년인 1779년 무렵에 이수李洙가 편찬한 만주어 사전. 한문과 우리말로 뜻풀이한 책)에도 '실홈'이라는 표기가 눈에 띈다. 『역어류해』에는 '실홈ᄒ다'라는 표기가 두 군데 나타나고, 『한청문감』에는 '실홈ᄒᄂ 사름(撩跤人)'이라는 대목이 들어 있다.

'씨름(角抵)'은 『물보(物譜, 1802년 간행)』(이익李翼의 종손 이가환과 그의 아들 이재위가 사물의 이름을 한글로 기록한 책)에 보인다. 또 정조가 박제가(朴齊家)와 이덕무(李德懋)에게 명해 편찬한 『무예도보통지(武藝圖譜通志, 1790년 간행)』에는 '씨름(칼을 더디고 씨름ᄒ야 므츠다)'이라는 표기가 들어 있다. 그리고 1728년 김천택(金天澤)이 펴낸 최초의 한글 시조집인 『청구영언(靑丘永言)』에는 현대와 같은 '씨름(씨름 탁견 遊山 ᄒ기)'이라는 표현이 나타난다.

씨름의 역사

근대 이전

벽화와 그림을 통해 본 씨름

우리 씨름의 역사를 정확히 알 수는 없지만 적어도 삼국시대 초기에는 이미 씨름이 존재했던 것으로 학자들은 보고 있다. 아시아 내륙 여러 나라에서는 씨름을 장의(葬儀) 행사의 하나로 치렀다.

생활 풍속을 주제로 한 고분벽화에 등장하는 씨름은 고구려인들에게 있어서 각별한 의미를 지닌 의식(儀式)이었던 것으로 보인다. 고구려 씨름은 4세기 말의 각저총과 장천(長川) 1호분의 벽화에서 그 존재 사실을 확인할 수 있다.

각저총의 벽화에는 두 역사(力士)와 심판하는 노인이 등장한다. 씨름에 열중하고 있는 오른쪽 역사는 고구려인이지만 왼쪽 역사는 눈이 크고 코가 높은 것으로 보아 서역계 민족으로 추정된다. 특이한 것은 그 배경 공간에 새구름무늬가 그려져 있다는 것인데, 이 무늬는 벽화 속 씨름이 현실세계에서 행해지는 놀이가 아님을 상징한다. 이 같은 정황으로 볼 때 고구려의 씨름은 현실세계에서의 놀이와 운동일 뿐만 아니라 죽은 자의 영혼을 타계에 보내기 위한 통과의례로 보인다. (전호태, 『고분벽화로 본 고구려 이야기』, 57쪽)

각저총 벽화에서 눈길을 끄는 것은 상체는 벌거벗고 짧은 반바지를 입은 두 역사가 허리에 바를 걸쳐 매고 있는 모습이다. 이때(4세기 말) 이미 샅바의 원형이 마련되었고 당시 띠씨름이 유행하였으리라는 유추를 낳는다.

5세기 중엽 장천 1호분의 앞방 왼벽 벽화인 「갖가지 놀이와 사냥도(百戲伎 樂狩獵圖)」에는 40명이 넘는 인물들이 그려져 있는 가운데 두 역사가 서로 상대방 어깨에 턱을 고인 채 두 손을 뻗어 상대방 등쪽 바지 허리춤을 잡고 용을 쓰고 있는 장면이 있다. 4~6세기에 걸친 고구려 고분벽화에 나타나는 역사의 특징은 한결같이 웃통을 드러내고 있다는 점이다.

씨름그림 가운데 가장 자주 인용되는 것이 바로 단원(檀園) 김홍도(金弘道)의 「씨름」이다. 또 다른 씨름그림은 전(傳) 신윤복(申潤福)의 「대쾌도(大快圖)」와 「행려풍속도(行旅風俗圖)」 제4폭 씨름, 기산(箕山) 김준근(金俊根)의 『풍속도첩(風俗圖帖)』 등이 있다.

김홍도의 「씨름」(보물 527호)은 독특한 필치로 사실적이면서도 해학적으로 그린 것으로 200여 년 전 어느 장터의 풍경이 훤히 떠오르게 한다. 중심 그림은 한 선수가 들배지기로 상대를 공격하고 있는 장면이다. 들배지기 자세와 샅바를 맨 자세로 볼 때 오른씨름으로 여

「행려풍속도」 제4폭 씨름 신윤복. 비단에 담채. 119.3×37.3센티미터. 국립중앙박물관 소장.

「대쾌도」부분 전 신윤복. 종이에 담채. 150.3×42센티미터. 국립중앙박물관 소장.

겨지며 주로 호남 지방에서 행해진 씨름이다.(영남대학교 박승한 교수의 견해)

「씨름」 그림에는 모두 22명의 인물이 등장한다. 한복판의 두 씨름꾼을 둘러싸고 19명의 구경꾼이 서로 다른 자세로 진지하게 씨름 광경을 주시하고 있다. 씨름꾼과 등을 진 채 목판을 목에 건 떠꺼머리 엿장수가 이 그림의 해학성을 한층 높여 준다. 씨름꾼과 구경꾼이 한데 어울린 전형적인 씨름판의 풍경이다.

「대쾌도」에는 "乙巳. 萬花方暢時節, 擊壤寫於康衢煙月. 蕙園(을사 1785년. 온갖 꽃이 화창하게 피는 시절에 격양노인이 강구연월에서 그리다. 혜원)"이라는 화제가 붙어 있다.

「대쾌도」는 씨름과 택견을 하는 모습을 함께 그린 것으로 씨름 장면에는 머리를 땋은 총각 둘이 중심을 잡고 힘을 맞겨루고 있고, 그 둘레에 양반,

중인, 농부, 긴 담뱃대를 문 서당 훈장, 총각들이 빽빽이 모여 서 있거나 앉아 시선을 한가운데로 모으고 있다. 여기에도 목판을 둘러맨 엿장수가 양념처럼 등장한다.

신윤복이 1800년대 초반에 그린 것으로 보이는 「씨름」 그림은 노송 아래에서 상투를 틀고 웃통을 드러낸 씨름꾼 둘이 용을 쓰며 힘겨루기를 하고 있는 가운데 역시 웃통을 벗어제친 다른 씨름꾼들이 이를 지켜보고 있는 광경이다.

19세기 말에 그려진 것으로 추정되는 김준근의 『풍속화첩』에는 여러 점의 씨름그림이 들어 있다. 김준근의 씨름그림은 김홍도나 신윤복과는 달리 한 사람 외에는 구경꾼이 모두 서 있는 것이 특이하다. 선수는 나이 차이가 나는 젊은이와 늙은이로 보이고, 심판인 듯한 사람이 오른손에 부채를 쥐고 도포 자락을 허리에 동여매고 있다.

근대에 들어와서는 대구 팔공산 동화사의 씨름벽화가 눈길을 끈다. 이 벽화는 동화사 내 불당인 영산전 외벽 왼쪽에 산수화와 화조화, 상산(商山)의 네 늙은이[四皓]가 바둑을 두는 「상산사호도」와 함께 그려져 있다.

씨름그림은 두 사람이 옷을 벗어 걸어 놓고 한판 벼르는 장면을 그렸는데 '適口理(저고리)' '時念人(씨름인)'이라는 이두식 표기와 '시렴한다(씨름한다)'는 한글 표기도 적혀 있어 흥미를 끈다. 이 벽화는 대구 영신고등학교 체육교사를 지낸 씨름인 윤병태(尹炳台) 씨가 1990년대 초반에 발견하고 영남대학교 박승한(朴勝翰), 유홍준(兪弘濬, 현재 명지대학교 미술사학과) 두 교수가 이를 확인함으로써 알려지게 된 것이다.

이 벽화가 그려진 시기에 대해서는 확실한 근거를 찾지 못했으나 영산전 현판 글씨가 조선조 말기의 서예가인 해사(海士) 김성근(金聲根)의 필치이므로 구한말에 영산전 건립에 즈음해서 그려진 것으로 추정된다. 그림의 기법은 사실적인 묘사가 아니라 형태를 요약하는 데 그쳤지만 조선 후기의 민화에서 보이는 해학성은 잘 나타나 있다는 평이다.

현대 화가로는 운보(雲甫) 김기창(金基昶)의 그림이 있다. 운보는 1983

장천 1호분 씨름벽화
귀부인 나들이 그림 가운
데 윗벽 왼쪽에 씨름그림
이 그려져 있다. 두 역사
가 상대방 어깨에 턱을 고
인 채 두 손을 뻗어 상대
방 등쪽 바지 허리춤을 잡
고 용을 쓰고 있는 모습이
다. (위)

**대구 팔공산 동화사 씨름
벽화** 우리나라 사찰에서
최초로 발견된 이 씨름벽
화는 구한말에 그려진 것
으로 추정된다. (아래)

김홍도의 풍속도
REPUBLIC OF KOREA

우리씨름의 시작

역대 씨름 우표 위로부터 1969년 10월 28일에 출시된 제50회 전국체육 대회 기념우표와 1971년 8월 2일에 출시된 김홍도의 「씨름」 우표, 2000 년에 출시된 고구려 각저총의 「씨름 벽화」 우표이다.

년 프로 씨름 출범 당시 허완구(許完九) 한국민속씨름협회장에게 「씨름」 그림을 그려 증정한 바 있다.

문헌을 통해 본 씨름

단편적이긴 하지만 씨름에 관한 기록이 나타난 최초의 문헌은 『고려사(高麗史)』 이다. 조선조 세종 때 편찬된 『고려사』 「세가(世家)」 권36에 의하면 고려 충숙왕 (忠肅王) 후 8년(1339년) 3월조에 "국왕 은 나라 기무를 배전(裵佺) 주주(朱柱) 등에게 맡기고 날마다 내시들과 각력(角 力, 씨름)을 해 위아래의 예(禮)가 없었 다"고 기록되어 있다.

씨름을 즐긴 것으로 전해지고 있는 충 혜왕과 관련한 기록은 "계미(癸未, 1343 년) 봄 2월 갑진일(甲辰日)에 왕이 용사 (勇士)를 거느리고 씨름놀이를 구경했다" 와 "그해 5월 신묘일(辛卯日)에 공주가 연경궁으로 옮기니 왕이 주연을 베풀어 위로해 주고 밤에는 씨름놀이를 구경했 다", 그리고 같은 해 11월 "왕이 고룡보 (高龍普)와 더불어 시가 다락에 좌정하고 격구(擊毬)와 씨름놀이를 구경하고 용사 들에게 베(布)를 주었다" 등이다. 유추컨 대 충혜왕은 씨름을 유흥거리로 삼아 즐긴 것으로 보이며 당시 유명 씨름꾼들을 '용

운보 김기창의 씨름그림

사(勇士)'라고 불렀고 그들에게 상도 내렸던 것을 알 수 있다.

조선시대는 삼국시대나 고려시대에 비해 씨름 관련 자료가 많이 있다. 조선조 초·중기의 자료로는 조선왕조실록(朝鮮王朝實錄)이 있다. 『세종실록』 권31 세종 8년(1426) 3월 25일, 4월 2일조(條)에 "두 사신이 목멱산(木覓山, 지금의 남산)에 올라 역사(力士)들로 하여금 씨름을 시켰다"는 등의 대목이 나온다. 또 세종 12년(1430) 윤12월 임자조(壬子條)와 13년(1431) 3월 병술조(丙戌條) 및 같은 달 임오조(壬午條)에 씨름하다가 죽은 사건이나 역사들에게 상을 내린 사실이 적시되어 있다.

『명종실록』 권26 명종 15년(1560) 5월조에는 단옷날 씨름으로 인한 폐해 때문에 씨름을 금지시킨 일을 적바림해 놓았다. 『현종실록』 권7 현종 5년(1664) 갑진년(甲辰年) 정월조에는 "광주 저자도의 사삿집 종 선(先)이 같은 동리에 사는 세현(世玄)과 더불어 씨름을 하다가 지자 노해서 찔러 죽였다(廣州楮子島私奴先 與同里世玄 角力不勝怒刺殺)"고 했다. 씨름에 열중한 나머지 살인을 하는 불상사가 벌어진 것이다.

19세기 초 순조 때 인물인 홍석모(洪錫謨)의 『동국세시기』나 정조 때의 실학자 유득공(柳得恭)이 지은 『경도잡지(京都雜志)』에는 단오에 서민들이 씨름을 즐기는 모습을 그려 놓았다.

　『동국세시기』 5월 단오조는 "단오에 젊은이들이 남산(南山)의 왜장(倭場)이나 북악산(北嶽山)의 신무문(神武門, 경복궁 후문) 뒤에 모여 각력을 하여 승부를 겨룬다. 그 방법은 두 사람이 서로 상대하여 구부리고 각자 오른손으로 상대방의 허리를 잡고 왼손으로는 상대편의 오른발을 잡고 일시에 일어나며 상대를 번쩍 들어 팽개친다. 그리하여 밑에 깔리는 자가 지는 것이다. 내구(內句 또는 內局, 배지기), 외구(外句 또는 外局, 등지기), 윤기(輪起, 딴죽걸이) 등 여러 자세가 있고, 그중 힘이 세고 손이 민첩하여 자주 내기를 하고 이기는 사람을 도결국(都結局, 판막음하는 자)이라 한다. 중국인이 이를 고려기(高麗技) 또는 요교라고 한다"고 전했다.

　『동국세시기』 5월 단오조와 『개성지(開城誌)』 풍속조에는 단옷날 김천(金泉) 직지사와 개성 만월대에서 씨름을 한 사실을 적어 놓았다. 씨름은 비단 단오뿐만 아니라 7월 중원절(中元節)이나 8월 한가위, 그밖의 날에도 각 지방에서 성행하였는데 『동국세시기』 7월 중원조와 8월 월내조(月內條)에는 충청도 지방의 씨름 풍속이 전한다. 『경도잡지』의 내용은 『동국세시기』와 비슷하다.

　이밖에 조선조 14대 선조 때의 문장가 유몽인(柳夢寅)의 『어우야담(於于野談)』에는 "정읍(井邑)·용안(龍安)·함열(咸悅) 세 고을 사이에 너른 곳이 있는데 매년 중원절에 호남의 힘센 자들이 양식을 짊어지고 와서 씨름을 한다"고 기록해 놓았다.

　『견첩록(見睫錄)』 권1 풍속조에 의하면 "안동부(安東府)의 서잉촌(西芿村) 하계(下界) 양촌(兩村)에서 매년 6월 그믐에 긴 장대에 정(旌, 깃)을 매달아 잡악(雜樂)으로 신에게 제사를 지내고 모여서 술을 마시고 씨름을 한다"고 했다.

　이처럼 씨름이 열리는 시기는 주로 명절 때였고 중원절인 7월 15일은 특히 농촌에서는 '호미씻이'로 씨름을 즐기며 농사의 고달픔과 피로를 푼 것을 알 수 있다. 호미씻이는 지방에 따라 '풋굿', '초연(草宴)' 또는 '농부날'이라고 해서 각 부락의 농부들이 제각기 술과 음식을 추렴하여 시냇가나 산기슭, 나무 그늘 밑에 모여서 징이나 꽹가리, 북, 장구 따위를 치며 가무를 즐겼다. 이를테면 논밭의 김을 다 매고 호미를 씻어 두고 하루를 질탕하게 보낸 것이다. (최상수, 『한국의 세시풍속』)

일반적인 기록 외에 한시(漢詩)로는 세 편이 전해진다. 조선조 25대 철종 때의 서예, 금석학의 대가 완당(阮堂) 김정희(金正喜)는 씨름에 관한 한시를 남겼다. 『완당집(阮堂集)』 권10에 들어 있는 이 시는 「단양(端陽)」이라는 제목으로 단옷날 씨름대회의 풍경을 읊은 것이다.

단옷날 씨름에 온 마을 씨름꾼들이 모여	端陽角觝盡村魁
임금 앞에서도 재간을 부렸네	天子之前亦弄才
이기건 지건 간에 모두 기꺼워하니	勝敗紛紛皆可喜
푸른 버들 그늘 속에 온 당이 들썩이네	錄楊陰裏哄堂來

연암(燕巖) 박지원(朴趾源)의 손자로 조선조 후기 실학자인 박규수(朴珪壽)의 문집 『환재집(瓛齋集)』에 들어 있는 칠언절구(七言絶句) 「강양죽지사(江陽竹枝詞)」 13수 가운데 씨름 풍습에 관한 대목이 나온다. '강양(江陽)'은 경남 합천의 옛 이름이고 '죽지사(竹枝詞)'는 인정이나 세태, 풍속을 묘사한 민요풍 단시를 일컫는 것이다. 「강양죽지사」에는 옛날 가야 지방에서 행해진 씨름놀이를 일러 '사당에서 굿을 하고 씨름판을 열어 춤을 추며 즐긴다'고 서술해 놓았다. 민속학자인 김선풍(金善豊) 중앙대학교 교수는 이로 미루어 '씨름은 옛날 사당에서 신을 모시는 의식에서 시작되었다'는 주장을 편 바 있다.

또한 구한말 인물인 최영년(崔永年. 신소설 『추월색(秋月色)』의 저자인 최찬식의 아버지)이 지은 『해동죽지(海東竹枝)』 가운데에도 「각저희(角觝戲)」

라는 한시가 있다.

『해동죽지』는 우리나라 4,000년 동안의 기문이사(奇聞異事)와 세시풍속을 칠언절구나 칠언율시(七言律詩)로 읊은 한시집으로 상중하 3편으로 되어 있다. 이 책은 최영년이 70세 때(1921년경)에 지은 것을 제자인 송순기(宋淳夔)가 1925년 4월 25일에 출판한 것으로 1993년 3월 18일 천하장사 10주년 기념대회를 맞아 김태성(金泰星, 현재 경북씨름협회 회장) 씨가 입수하여 소개하였다.

장사의 기백을 묘사한 「각저희」의 전문은 다음과 같다.

붉은 다리 울근불근 혈기가 넘쳐 흐르고	赤角偓偓血溢膛
용기는 큰 솥을 단숨에 들어 뽑을 만하네	勇如九鼎一時扛
풀꽃이 펼쳐져 있는 너른 모래판에서	一圈平沙芳草際
성난 소가 서로 뿔을 들이밀며 달려드는 듯하네	怒牛倚角赴雙雙

근대 및 일제 치하의 씨름

근대에 이르러 특정 단체에 의해서 씨름대회가 열린 것은 1912년부터이다. 그해 10월 유각권구락부(柔角拳俱樂部)의 주관으로 서울 단성사(團成社) 극장에서 처음으로 씨름대회가 개최되었다. 유각권구락부는 유도, 각력(씨름), 권투 등 3가지 운동을 하는 이들이 모여서 만든 일종의 동호인 모임이었다.

1915년 서울 광무대(光武臺) 극장에서 음력 1월 3일부터 나흘 동안 씨름대회가 열렸고 그후로도 한동안 연례 행사처럼 씨름판이 벌어지기는 했으나 오늘날과 같이 조직적인 대회의 성격을 띠기보다는 흥행을 염두에 두었다.

씨름이 체계를 잡아 나가기 시작한 것은 1927년 조선씨름협회가 창립된 이후부터이다. 조선씨름협회는 강낙원(姜樂遠), 서상천(徐相天), 한진희

제1회 조선씨름대회 관련 기사 1927년 조선중앙기독청년회가 주최하고 동아일보사 운동부가 후원하는 '제1회 조선씨름대회'가 열렸다. 12월 20일부터 22일까지 사흘 동안 개최되었는데, 이 기사에는 씨름대회 세부 규정이 실려 있다.

(韓軫熙), 강진구(姜璡求) 등이 발기, 창립했다.

조선씨름협회는 창립 기념으로 그해 9월 서울 휘문고등보통학교 운동장에서 제1회 전조선씨름대회를 단체전과 개인전으로 나누어 개최하였는데 개인전에서는 함흥 출신 이도남(李道男)이 우승하였다. 이 씨름대회는 당시 조선씨름협회의 연례 행사로 개최되었으며, 제2회 대회부터 연희전문학교 출신인 김윤근(金潤根)이 1회 우승자 이도남을 물리치고 우승한 이래 7연패를 달성하여, 초창기 씨름판의 강자로 군림했다.

같은 해 조선중앙기독청년회 주최, 동아일보사 운동부 후원으로 '제1회 조선씨름대회'가 열려 씨름의 현대화에 큰 획을 그었다. 동아일보는 1927년 12월 20일부터 22일까지 사흘 동안 서울 종로청년회관 대강당에서 대회를 개최했다. 대회에 앞서 동아일보는 '내 운동 씨름, 획기적인 혁신', '조선 전래 운동 씨름대회, 운동계의 신시험', '조선 전래의 씨름, 민중적 경기로' 등으로 홍보하면서 민족 의식을 고취시켰다.

당시 동아일보는 신문에 실은 기사를 통해 "씨름은 조선에서 가장 오랜 운동이며 민중적으로 널리 성행하는 운동이다. …(중략)… 우리의 선조로부터 창작되어 널리 삼천리에 퍼지어 방방곡곡에서 5월 5일(단오절)을 전후하여 성행되는 씨름은 시골의 운동경기처럼 따돌려진 느낌이 없지 않아 경성을 비롯해 큰 도회지에서 좀체 거행하지 못했다. 이 점을 느낀 체육계 유지들은 조선씨름협회를 조직하는 등 금년의 운동계는 죽어가는 조선 고유의 씨름 부활 해이다"(표기는 현대식으로 고침)고 천명했다.

동아일보는 조선 전체에 걸쳐 처음으로 여는 이 대회를 앞두고 12개 항의 대회 규정을 발표하고 공식적으로 '삿바(샅바)씨름'을 표방하는 한편 번외로 '통씨름'도 아울러 개최했다. 그 규정은 용구 및 복장(제1, 2조), 경기 방법(제3~7조), 반칙(제8~12조)으로 나뉘어져 있다. 세부적인 내용을 보면 다음과 같다. (기사의 표기를 약간 손질함)

제1조 用具＝삿바의 長七尺되는 布一端으로부터 二尺半의 處를 互相縫結할 것.

제2조 服裝＝禮儀를 不缺한 輕快한 服裝을 입을 것.

제3조 경기자는 相對한 圓弧上에 直立敬禮함이 가함.

제4조 경기자는 경기장 내에 入한 후 일분 이내에 試技함을 要함.

제5조 삿바를 左脚에 끼고 付添된 一條布를 左側腹으로 腰를 廻하여 前方 脾處에 兩端을 확실히 相結할 것.

제6조 경기장 중앙에서 양 경기자는 직립자세로 左膝은 地面에 接觸하고 右脚은 屈膝直立하여 右臂 혹은 手로 敵 삿바에 揷入 또는 把執할지며 左手로는 적의 腰帶를 把執한 후 後左肩을 相合할 것.

제7조 5, 6조의 준비가 畢한 후 주심의 신호에 의하야 경기 개시.

제8조 始合자세로부터 적을 이기고저 함은 반칙으로 認함. 만약 再次 此를 범할 때에는 퇴장을 명함. 단 주심의 신호가 있은 뒤에는 누구든지

먼저 起動하여 적의 始合자세의 變不變을 不關하고 顚倒하여 이길 수가 있음.

제9조 始合자세로부터 試技狀態에 入한 후 膝 이상의 어떠한 부분이라도 먼저 地上에 접촉할 때는 패자로 인정함. 단 적이 抑伏顚倒할 때에 勝勢로 몸이 상대 몸의 上部에 浮在하여 신체의 어떠한 부분이라도 먼저 지면에 접촉되는 경우에는 此限에 不在함.

제10조 양 경기자가 仰伏俯伏이 되며 동시에 몸의 일부분이 지상에 접촉될 때는 俯伏者를 승자로 認.

제11조 경기 중에 적의 두 발 혹은 안면에 고의로 手觸把執할 때는 반칙으로 인정해 當回 경기의 패자로 함.

제12조 비신사적 언어행동을 하거나 또는 적의 위험처를 打衝함은 반칙으로 인정하여 當回 경기의 패자로 함. 단 初回戰이라도 11, 12조에 해당하는 甚惡한 행동이 있을 때에는 심판판정에 의해 次回戰에 출전할 자격을 취소할 경우도 있음.

이 대회 관람료는 하루에 한 사람당 20전(錢)으로 책정되었고 대단한 성황을 이룬 것으로 동아일보는 보도했다. 대회 결승전은 22일 오후 6시 반부터 시작하여 밤 10시 반에 끝났고 대회 우승은 서울 뚝섬에서 온 신득윤(申得允)에게 돌아가 1등상으로 황소 한 마리를 탔다. 당시 입상자 중 2등 임억석(林億石)과 3등 신두윤(申斗允)은 뚝섬, 4등 최중근(崔仲根)은 신촌 출신이었고, 통씨름 우승자는 함흥 의용청년회에서 파견되어 온 현명호(玄明浩)였다.

씨름은 1935년 조선종합경기대회(현재의 전국체육대회)의 정식 종목으로 채택되어 나라 안 스포츠계에서 위상이 높아졌다. 당시 조선체육회가 대회 종목을 5개에서 9개로 늘릴 때 씨름도 편입된 것이다.

조선씨름협회 창립 이후 일제 식민지정책의 총본산인 조선총독부(朝鮮總督部)가 노골적으로 민족 정기의 말살책을 펴기 시작하여 씨름에도 가차 없는 탄압이 가해졌다. 1910년 한일합방 이후 일제는 내선일체(內鮮一體)를 부르짖으며 한민족 고유문화 씨 말리기에 들어가 상고시대 이래 민중들 속에서 유구한 명맥을 이어왔던 씨름도 당연히 위축될 수밖에 없었다.

1927년 12월에 개최한 제1회 조선씨름대회를 앞두고 동아일보가 민족의식을 고취시키는 씨름 관련 기사를 게재하자 검열을 거쳐 삭제토록 지시하여, 당시 일부 지면이 백지로 나갈 정도로 탄압을 자행했다. 조선총독부는 씨름 열기가 사그러들지 않자 1929년에 강압적인 조치로 '스모'를 일선 학교 교육을 통해 보급하며 씨름을 폄하하기도 했다.

일제 치하에서 한국인들은 큰 씨름대회를 주최할 능력이 없었고 권한이 주어지지도 않았다. 다만 융화정책의 일환으로 대개 일본인 신문사가 주최하여 잔치 형태의 씨름판이 열리는 경우는 있었다.

대회가 열리면 입장료를 받고 간이 음식점을 허가해 준 대가 등으로 상품을 구입하여 우승자 등에게 부상으로 나누어 주었다. 1등은 황소 한 마리, 2등은 송아지, 그 아래 5등까지는 쌀이나 광목 따위를 상품으로 걸었다. 씨름경기장은 요즘보다 두 배 가량 큰 모래판을 사용했고, 주위에 나무로 특별관람석을 만들기도 했다.

씨름꾼들은 흑백 샅바를 매고, 앉아서 샅바를 잡았으며 양 선수의 무릎이 바닥에서 떨어짐과 동시에 호각을 불어 경기 시작을 알렸다. 면 소재지 정도의 시골 씨름대회는 지서에 신고를 하면 판을 벌일 수 있는 난장판 씨름대회였다. 평소에 연습할 여건이 되지 못한 씨름꾼들은 경기 전에 날달걀 몇 개를 먹고 나서는 것이 고작이었을 정도로 궁핍했다.

조선씨름협회는 1936년부터 선수권대회를 개최하여 41년까지 6회 대회를 치렀으나, 이후 태평양전쟁 중에 중단되었다. 1938년 7월 4일 조선체육회를 어용단체인 조선체육협회로 흡수시킨 조선총독부는, 그해 조선씨름협회가 종합대회인 '조선신궁(神宮)대회'에 씨름을 정식 종목으로 넣으려 하자 씨름이라는 이름으로는 절대 참가할 수 없다고 막아서 이름을 한때 조선각력협회(朝鮮角力協會)로 고치기도 했다.

해방 이후~프로 민속씨름의 태동

태평양전쟁(1941년 12월 8일 발발)의 소용돌이 속에 씨름을 중단할 수밖에 없었던 전조선씨름협회는 해방 이후 1945, 46년 미군정(美軍政) 하의 정치 혼란기를 보낸 다음 47년에 제7회 전국씨름선수권대회를 재개했다. 그러나 49년에는 한국전쟁으로, 51~53년에는 사회 불안으로, 자유당 말기인 57, 58, 60년과 5·16 군사쿠데타 이후 63년에는 사회적 혼란 등의 이유로 대회를 치르지 못하였다.

씨름은 1959년 한국일보사가 창간 5주년을 기념하여 대한씨름협회 주관으로 개최한 제1회 전국장사씨름대회가 큰 성황을 이루면서 도약의 발판을 마련했다. 한국일보는 그해 중앙청 앞 광장에 특설 경기장을 설치하고 6월

황소와 함께 포즈를 취한 김기수 해방 이후, 1959년에 개최된 제1회 전국장사씨름대회가 큰 성황을 이루면서 씨름은 도약의 발판을 마련하였다. 이 사진은 같은 해 10월에 열린 제2회 대회에서 장군 칭호를 받은 뒤 찍은 것이다.

24일부터 7월 2일까지 8일 동안 매일 오후 7시부터 야간경기로 대회를 주최했다. 이 대회는 '왼씨름'을 공식적으로 표방하여 경기방식의 통일을 꾀했고 '바른씨름'은 고교학생 대항 경기를 번외로 치렀다. 경기 종목은 일반부 개인전과 도 대항 단체전으로 나누었으며 경기 시간을 10분으로 하되 두 차례의 연장전(각 3분씩)을 하도록 했다.

특이한 점은 대회 이름에 사상 처음으로 '장사(壯士)'를 내세운 것과 개인전 왼씨름 우승자에게 황소 한 마리의 부상과 함께 장사의 칭호를 부여한 것이다. 선수들의 실력에 따라 장사를 정점으로 '장군(將軍)'과 '선수'로 등급을 매긴 것이 자못 이채롭다. 그 이후 씨름판에서 우승한 씨름꾼에게 '장사'라는 호칭이 자연스럽게 따라다니게 되었다.

100여 명의 씨름꾼이 참가한 이 대회 초대 장사 칭호는 16전 전승으로 우승한 23세의 경북 김천 출신 김기수(金基洙)에게 돌아갔다. 그 밑으로 15승 1패를 한 고우주(高宇柱. 당시 28세, 대구)가 제1장군, 13승 3패의 배석암(裵錫岩. 36세, 경주)이 제2장군 호칭을 받았고, 선수로는 김용주(金龍珠. 23세, 서울), 김학룡(金學龍. 23세, 경주), 모희규(牟禧奎. 33세, 마산)가 선발되었다.

장사씨름대회는 관중들의 열기에 고무된 한국일보가 같은 해 10월 10일부터 제2회 대회(추계대회)를 열었고 10월 16일 거인 씨름꾼 김용주가 1회 대회 우승자인 김기수와 신예 김학룡과 동률을 이뤄 3자 재대결 끝에 우승했다. 김용주 장사는 부상으로 황소 두 마리를 탔고, 당시 이승만(李承晩) 대통령에게서 천하장사 친서를 받았다. '천하장사'라는 칭호가 우승자에게 붙은 것도 그때가 처음이었다. 2회 대회의 일반석 입장권은 300환이었다.

이 대회는 1960년 9월 23일부터 30일까지 제3회 대회를 치른 후 두 해를 건너뛴 다음 63년 9월 19일부터 경복궁 내 특설 경기장에서 제6회 대회(실제로는 4번째 대회)가 열렸으나 대회 마지막날인 22일에 벌어진 판정 시비로 인해 중단되고 말았다.

한국일보는 당시 사고(社告)를 통해 "22일 장사 뽑기를 마칠 예정이었으나 무승부가 된 김영태(金英泰), 강두만(姜斗滿) 양 선수 대전의 경기 규칙 문제 때문에 다섯 경기를 남긴 채 경기가 중단되었다. 그후 대회의 속행을 백방으로 힘썼으나 결국 사정에 의하여 나머지 경기를 부득이 무기연기하게 되었다"고 발표했다.

씨름은 1972년 한국방송공사(KBS)가 문화공보부의 지원을 받아 제1회 'KBS배 쟁탈 전국장사씨름대회'를 개최한 것을 계기로 현대화의 전환점을 맞았다. 이 대회는 9월 24일부터 26일까지 서울 장충체육관에서 대한씨름협회의 주관으로 열렸는데 특히 종전에 야외 모래판 위에서 하던 경기를 매트에서 실시하고 사흘 동안 텔레비전으로 중계해 큰 반향을 일으켰다. 우승 상금도 집 한 채를 살 수 있는 거금 100만 원이었다. 그해 전국선수권대회 장사급 우승자인 마산 출신 김성률(金成律)이 의성 출신 거인 장사 박범조(朴範祚)를 꺾고 우승했다.

아마 씨름은 1936년에 창설된 전국선수권대회와 1964년부터 시작한 대통령기 대회를 양축으로 KBS배 대회와 회장기 대회(71년부터 시작) 등 4개 대회로 정립하여 오늘에 이르고 있다.

프로 민속씨름 시대(1983년 ~ 현재)

1980년 전두환 군사정권이 제5공화국을 세운 다음 스포츠 장려정책에 의해 씨름도 프로화의 급물살을 타게 된다. 1982년에 야구가 제일 먼저 프로화된 이후 그 다음해에 씨름이 축구와 더불어 프로의 길을 걷게 되었다.

KBS 등 영상매체의 지원에 힘입어 활기를 띤 씨름은 1980년대 초에 잠시 주춤했다. 그러나 1981년 11월 30일 김태성 씨가 주동이 되어 김해수(金海水) 씨 등과 손을 맞잡고 '한국민속씨름협회'를 창립하고 서울시교육위원회로부터 허가를 받았는데 이것이 프로 씨름 출범의 모태가 되었다.

한국민속씨름협회(초대 회장 허완구)는 1983년 3월 16일 기자회견을 통해

제7회 천하장사씨름대회에서 우승한 이만기 1989년 3월 12일 대전에서 열린 천하장사씨름대회에서 이만기가 통산 10번째 우승한 뒤 우승패 앞에서 손을 높이 치켜들고 있다.

프로 출범을 공식 선언하고 4월 14일부터 17일까지 나흘 동안 서울 장충체육관에서 '제1회 천하장사씨름대회'를 성황리에 열었다. 프로 씨름 출범의 산파역은 김태성, 김해수, 김동수(金東洙) 씨가 맡았다. KBS가 적극 후원에 나서 박세호(朴世鎬), 김재길(金在吉), 이명환(李明煥) 씨 등 고위 간부들이 뒷받침했고 이학봉(李鶴奉) 청와대 민정수석이 정책적인 배려에 앞장섰다.

초창기 민속씨름의 주역들 프로 씨름은 허완구 한국민속씨름위원회 초대 회장의 주도로 과감한 투자를 하여 출범 당시부터 폭발적인 인기를 누렸다. 민속씨름 초창기 주역들인 허완구(許完九, 현 승산회장) 회장과 정주영(鄭周永, 작고) 현대그룹 회장, 이원홍(李元洪) 한국방송공사 사장이 나란히 앉아 제1회 천하장사대회를 관전하고 있다. (맨 왼쪽부터)

　제1회 천하장사씨름대회는 우리나라 명산의 이름을 따서 높이대로 백두·한라·금강·태백급 등 4체급으로 나누어 장사를 뽑았다. 천하장사는 체중에 관계없이 무제한으로 겨뤄서 무명의 이만기(李萬基)가 최욱진(崔旭珍)을 3:2로 꺾고 우승, 모래판에 일대 돌풍을 일으키며 씨름 부흥의 촉매 노릇을 톡톡히 해내게 된다. 우승 상금은 1,500만 원이었다. 당시 쌀 한 가마니(80킬로그램)가 4만 원 정도 할 때였으니 이 상금이 얼마나 큰돈인지 알 수 있다. 이 대회는 처음부터 실내에 매트가 아닌 모래판을 설치하여 경기를 치른 첫 대회였고, 그 이후 모든 실내 경기는 모래판에서 치러지게 되었다.

　천하장사씨름대회는 이후 변천을 겪으면서 현재는 한국씨름연맹 주관하에 매년 한 차례의 천하장사대회(시즌 총결산 대회)와 다섯 차례의 지역장사대회, 그리고 설날장사대회를 정기적으로 열고 있다. 한국씨름연맹은 그밖에도 올스타전이나 해외장사대회를 부정기적으로 치르고 있다.

대상과 지역에 따른 구분

씨름의 지역별 특성

씨름은 그 기본틀에서는 공통점을 지니지만, 형식은 지방마다 약간씩 차이를 보인다. 자연히 씨름 관련 풍습도 지역적인 차이가 있었다. 오늘날 씨름은 왼씨름 한 가지로 통일해서 치르고 있으나 과거에는 왼씨름, 오른씨름, 띠씨름 등 크게 세 종류로 나뉘어져 있었다.

1961년 전국체육대회 때 영·호남간 씨름 형식의 차이가 문제(왼씨름과 오른씨름)로 지적되었다. 당시 김동하(金東河) 대한체육회장이 현장에서 통일할 것을 지시하여 그 이듬해인 1962년부터 왼씨름으로 통일하였다. 씨름 방식의 통일은 당시 대한씨름협회 박진호(朴鎭鎬) 전무와 송명헌(宋明憲) 부회장이 주축이 되어 작업한 것으로 전해진다.

왼씨름은 샅바를 오른쪽 다리에 끼고 서로 왼손을 상대 다리샅바에 끼워 넣고, 오른손은 상대의 왼쪽 허리샅바를 틀어쥐고 하는 경기 방법이다. '바른씨름'으로 부르기도 하는 오른씨름은 왼씨름의 반대 방법으로 샅바를 잡는다. 띠씨름은 허리에다 띠를 하나 매고 그것을 잡고 하는 씨름을 일컫는다. 이 띠씨름은 지방에 따라 '허리씨름'이나 '통씨름'이라고 부르기도 하였다. 왼씨름은 전국적으로 통용되어 왔지만 오른씨름은 경기도와 호남 지방, 띠씨름은 주로 충청도 지방에서 성행했다.

다음은 『조선의 씨름』 저자인 나운출이 조사한 것을 토대로 지역별 씨름의 특성을 간략하게 살펴본 것이다.

서울·경기 지방 씨름　　서울에서는 매년 봄·가을에 씨름판이 열렸다.

바른씨름과 왼씨름 두 가지가 다 통용되었는데, 경기도 일부 지역에서는 (허리)띠씨름만 하는 곳도 있었다. 일제 강점기에 서울에서 열린 조선씨름 대회는 바른씨름과 왼씨름을 따로 진행했다.

경상도 지방 씨름　　경북 대구와 김천, 경남의 부산과 김해는 가장 큰 씨름의 중심지였다. 경상도 지방에는 여러 가지 특이한 씨름 풍습이 많았다.

경북 현풍과 경남 창녕의 예를 들자면, 음력 정월 보름날과 2월에 씨름놀이가 벌어진다. 인근 부락민들은 제물을 성황당 고목 밑에 차려 놓고 농악을 울려 풍년과 평안을 기원한 후 부락별로 나누어 씨름을 한다. 이긴 부락 사람들은 임진왜란 때 왜적을 물리치면서 부른 옛 민요 「쾌지나칭칭나네」를 부르며 기세를 돋운다. 여름철에는 풀베기 자리가 좋은 곳과 그렇지 못한 구역을 씨름의 승패로 쟁탈하는 경기를 벌인다. 씨름에서 이긴 부락은 풀 많고 운반하기 좋은 곳을 골라 가진다. 경상도에서는 씨름의 승패를 가려 논에 물대기를 먼저 하는 풍습도 있었다.

충청도 지방 씨름　　이 지방에서는 견우직녀가 1년에 한 번 상봉한다는 7월 칠석에 그해의 씨름을 시작하여 도 전체로 이리저리 옮겨가며 8월까지 계속된다. 충청도 지방은 대전, 천안, 청주 등지가 큰 씨름판이다. 씨름판이 벌어지기 전 흥겨운 농악으로 신명 풀이를 하고 경기를 진행한다. 대전 지역은 허리에만 띠를 매고 하는 허리띠씨름이다.

호남 지방 씨름　　이 지방 씨름도 7월 칠석에 시작되어 각 지역별로 뒤를 이어 씨름을 벌이다가 9월에 이르러서야 끝난다. 전라도는 전통음악과 기악이 대중적으로 보급되어 있어서 경기 전에 하는 연주가 다른 지방에 비해 다채롭다. 왼씨름, 바른씨름이 통용되어서 경기자들은 어떤 방식을 택할 것인가를 추첨으로 결정하였다.

평안도 지방 씨름　　평양은 평안도 씨름의 중심지였다. 평양 씨름은 '된 샅바걸이'와 '망걸이' 식으로 경기가 진행되었다. 음력 5월 단오 때 그네놀이와 병행해서 씨름판이 열렸다. '된샅바걸이'란 샅바 길이가 약 1미터 정도이고 샅바를 상대의 오른쪽 다리에 걸고, 팔이 빡빡할 만큼 샅바를 여러 번 꼬아서 팔을 끼운 후 오른손과 왼팔로 상대를 붙잡고 진행하는 씨름 형태이다. '망걸이'는 샅바의 길이는 된샅바걸이와 비슷하되 샅바를 잡을 때 오른손으로 상대의 허리 중추를 지나서 오른다리 샅바를 한두 번 감아 틀어쥐고 한다. 왼손은 상대의 불두덩 밑에 넣어 샅바의 한 끝을 잡고 일어서서 하는 형태이다. 이 방식은 체력이 약한 편에게 지나치게 불리한 약점이 있다.

황해도 지방 씨름　　이 지방에서는 왼샅바걸이와 개량씨름 방식을 적용한다. 음력 4월 초파일이나 5월 단오에는 큰 씨름판이 벌어지며 그네 경기도 함께 열린다. 때로는 음력 9월 9일 국화절에도 열린다.

씨름판은 농민들이 부근 동네에 모여서 농악을 울리며 피리를 불어 흥미를 돋운다. 씨름과 그네의 우승자에게는 기묘하게 그린 탈을 얼굴에 씌워 준다. 어떤 사람은 머리에 호랑이 탈을 쓰고 호랑이 가죽을 입고 양반을 풍자하는 '호랑이 꾸중놀이'를 벌이기도 한다.

황해도 씨름에서 '개량씨름'이란 다리샅바 길이를 80센티미터로 하고 왼손을 상대의 다리샅바에 끼우지 않고 다만 두 가닥을 모아 잡으며 오른손으로 상대의 허리샅바를 잡되 허리 중추 이상 넘어가지 않게 하는 형태이다. 이 방식은 쌍방이 몸을 자유자재로 움직이게 한다.

함경도 지방 씨름　　다른 지방과 마찬가지로 흔히 단오에 씨름판이 열린다. 5월 씨름이 가장 이른 것이고 늦은 씨름으로 8월 한가위에 열기도 했다. 또한 밤에 모닥불을 피워 놓고 씨름을 하는 풍습도 있었다.

함경도에서는 샅바를 느슨하게 걸고 경기를 한다. 약 1미터 길이의 샅바를 상대 오른다리에 감고 오른팔을 끼우되 샅바를 꼬지 않고 느슨하게 끼우고 진행하는 형태다. 이 방식은 비교적 다양하게 기술을 발휘할 수 있으며 된샅바걸이나 망걸이보다는 상대로부터 힘의 제약을 덜 받는다. 그러나 이 씨름도 키 차이가 날 때는 어느 한편이 불리하게 된다.

전국 장사씨름대회 씨름은 그 기본틀에서는 공통점을 지니지만, 형식은 지방마다 약간씩 차이를 보인다. 자연히 씨름 관련 풍습도 지역적인 차이가 있었다.

여자 씨름

언제부터 이 땅에서 여자 씨름이 행해졌는지 확실한 기록이 남아 있는 것은 없다. 다만 프로 씨름 출범의 산파역을 맡았던 김태성 씨의 조사에 따르면, 1938년 전북 옥구 지방에서 여자 씨름대회가 열렸다는 기사(동아일보)가 있었다고 한다.

1940~50년대에는 경주, 안동, 마산, 진주, 김천 등 영남 지방에서 여자 씨름대회가 열려 여자들이 잠시나마 시집살이의 고달픔과 자식 뒷바라지의 시름을 잊었던 것으로 전해진다.

여자 씨름은 1960년대 이후 흐지부지 자취를 감췄으나 70년대에 접어들어 구례에서 여자 씨름대회가 열려 그 명맥을 이었다. 1964년부터 구례군은 매년 곡우절(4월 20일경) 즈음에 약수제를 개최해 지리산 산신에게 제사

여자 씨름 1991년부터 공식적인 대회의 면모를 갖추고 첫선을 보인 여자 씨름왕대회 모습이다. 전국 씨름왕대회에 포함될 만큼 활기를 띠기도 했으나 1990년대 중반 이후 중단되었다.

를 올리는 한편 씨름이나 궁도, 시조짓기, 노래자랑 따위의 민속행사를 열었다.

구례군은 1974년부터 남자 씨름과 병행하여 여자들에게도 씨름판을 개방했다. 구례 지방에서 유독 여자 씨름이 성행할 수 있었던 것은 이 지역이 섬진강을 끼고 있어 백사장이 발달한 천혜의 자연 지형을 갖춘 덕분으로 보인다. 예로부터 호남 지방 가운데 씨름이 가장 성행한 구례는 장사가 많이 태어난 고장이기도 하다.

씨름이 프로화한 이듬해인 1984년에는 대한씨름협회가 구례 지방의 여자 씨름선수들을 초청하여 제8회 체급별 장사씨름대회(5월 4~6일. 광주실내체육관)의 시범경기로 개최한 적이 있다.

여자 씨름이 공식적인 대회의 면모를 갖추고 첫선을 보인 것은 1991년 10월 18일부터 21일까지 포항실내체육관에서 열린 대통령배 전국 씨름왕선발대회 때였다. 10월 19일에 열린 여자 씨름왕 선발대회에는 시도별 대표 2명씩 모두 24명이 참가하여 기량을 겨루었다. 대한씨름협회는 1992년부터 여자 씨름을 전국 씨름왕대회 정식종목으로 채택했고 1993년 서울 지역 예선에는 58명의 여장부들이 참가하여 활기를 띠기도 했으나 1990년대 중반 이후 중단되었다.

북한 씨름

씨름의 대부 나윤출

북한의 씨름은 '한국 씨름 이론 정립의 대부'로 일컬어지는 나윤출이 월북한 이후 체계화되었다. 나윤출은 경북 달성군 옥포면 출생으로 1938년경부터 10년 동안 영남 지역의 씨름판을 주름잡았던 인물로 전국적으로 널리 알려진, 해방 전 최고의 씨름꾼이었다. 그는 키가 175센티미터, 몸무게가 24관(90킬로그램 가량)으로 당시만 해도 체구가 건장한 편이었다.

씨름의 대부 나윤출 나윤출은 해방 전 최고의 씨름꾼이며, 한국전쟁 때 월북하여 씨름 이론을 체계적으로 정리하였다. 사진은 1930년대 무렵 황해도 겸이포에서 열린 씨름대회를 기념하여 촬영한 것으로, 앞줄 왼쪽에 한복을 차려입은 이가 나윤출이고 오른쪽은 1920～30년대의 이름난 씨름꾼인 김윤근이다.

　해방 이듬해 열린 전조선씨름대회에서 나윤출은 심판장을 맡아 출전하지 않았다. 하지만 경기를 보고 싶어하는 관중들의 성화를 이기지 못한 나윤출이 8강에 오른 선수들과 시범경기를 차례로 벌여 그들을 모두 물리치는 모습을 보고서야 관중들이 자리를 떴다는 일화도 있다.

　한국전쟁 때 월북한 것으로 알려져 있는 나윤출은 전쟁이 끝난 뒤 1958년 12월에 『조선의 씨름』(평양 국립출판사 발행)을 펴냈다. 이 책에서는 계급사관에 입각한 씨름사를 기술했는데, ① 조선 씨름에 대한 역사적 고찰, ② 조선 씨름의 지방적 형태, 근로 인민적 특성, ③ 조선 씨름의 훈련 방법, 기술 및 전술 등 3부로 나누어 체계화를 시도했다.

　나윤출은 "우리나라 민족 경기의 하나인 조선 씨름은 근로 계급이 국가 정권의 주인으로 되기 이전 시기, 즉 착취 계급이 나라를 통치하던 시기에는 그의 존재와 발전에 대한 국가적 보장을 받지 못하였고 다만 근로 대중

자체의 힘에 의해서만 유구한 세월을 두고 맥맥히 계승되어 왔다"며 "해방 후 조선 로동당과 공화국 정부의 민족 문화 유산 계승 발전을 위한 …(중략)… 체육정책에 의해 비로소 조선 씨름은 자기 발전 력사에서 처음으로 국가적 보장을 받으면서 새로운 발전의 길에 들어섰으며 …(이하 생략)"라고 주장했다.

조선 씨름은 근로 인민 속에서 그들의 생산활동과 밀접히 결부되어 생성, 발전했다고 본 나윤출은 씨름의 어원에 대해서 독특한 해석을 내렸다. 그에 따르면 씨름의 '씨'는 씨를 뿌리는 사람 곧 농민에서 나온 것이고 '름'은 놀음놀이란 뜻에서 나온 것으로, 씨름은 바로 농민의 경기라는 것이다.

북한 씨름의 체계화

해방 이후 북한은 민족 경기로서의 전통 계승 차원에서 더 나아가 전술적 개념에서 정책적으로 배려하고 적극 장려했다.

북한은 한국전쟁 후 체육문화 발전 대책의 일환으로 내각 직속 체육지도위원회 산하에 씨름분과위원회를 설치했다. 이를 계기로 북한은 공장이나 광산, 농·어촌, 학교에 씨름을 광범위하게 보급시켜 전후 복구에도 이바지하도록 했다.

북한은 1956년 2월 24일부터 '내각 명령 제14호'를 발령하고 "민족적 체육 및 스포츠의 보급 발전을 위하여 전통적 행사로써 봄과 가을에 민족 체육경기대회를 광범히 조직했고 각 도, 시, 군 소재지의 유서 깊은 장소들을 택해 궁술장, 씨름장을 설치했다."(『조선의 씨름』, 21쪽)

1990년대 들어 김정일 국방위원장은 "씨름은 좋은 민족 경기 종목의 하나다. 씨름은 장수 같은 힘을 키울 뿐 아니라 때와 장소에 구애됨이 없이 누구나 할 수 있는 체육종목"이라며 장려한 것으로 전해진다.

북한 씨름의 형태 및 기술

북한의 씨름은 어린이들이 하는 애기씨름, 상씨름(청년 이상 성인들의 씨름)과 비교씨름(개인 겨루기 형식의 씨름) 등의 등급이 있다. 남쪽과 마찬가지로 왼씨름이 통용되고 있지만 샅바는 우리와 달리 서서 잡는다.

1994년 1월에 나온 북한의 『재미있는 민속놀이』(한성겸, 금성청년출판사 발행)라는 책에서는 씨름의 공격 기술을 크게 몸통수, 다리수, 손수와 이 세 가지를 혼합한 수로 나누었다. 97수의 공격, 방어술을 소개해 놓은 나윤출의 『조선의 씨름』과 비교해 보면 기술을 간략화시킨 것이다.

몸통수는 오른궁둥배지기, 왼궁둥배지기, 들배지기, 후리배지기, 돌림배지기 등이 있고, 다리수는 오른안걸이, 왼안걸이, 들안걸이, 안걸이뒤집기, 빗장걸이, 빗장걸이뒤집기, 호미걸이, 들호미걸이, 오른덧걸이, 왼덧걸이, 무릎걸이, 안발목치기, 곁발목치기, 왼발목치기, 다리들어메기, 다리들어누르기, 들어다리당기기 등이다. 손수는 앞무릎치기, 앞무릎뒤집기, 들앞무릎치기, 왼무릎치기, 곁무릎치기, 다리들어곁무릎치기, 접치기, 들접치기, 팔걸이, 등치기, 목안기, 목뒤치기 등이다.

북한의 씨름 기술은 대개 남쪽과 큰 차이가 없고 기본형에서 약간 변형된 것이 대부분이다.

북한 씨름의 실태

평양 지방에서는 예로부터 씨름이 성행했다. 평양의 영명사 뜰과 내성 남문 밖에서 씨름경기가 성대하게 열렸다. 북한은 1960년대 들어 그네, 널뛰기와 아울러 씨름을 '민족체육경기'로 지정해 각종 대회의 정식종목으로 채택하고 있다.

북한 씨름의 실태가 바깥으로 알려지기 시작한 것은 1990년대 초 무렵이다. 1994년 3월 '텔레비전 민족씨름경기'를 처음으로 열었던 북한은 그 후 해마다 평양에서 일반 근로자 부문, 전문 체육선수단 등으로 나눠 2~3차례 대회를 개최하는 등 씨름의 대중화에 나섰다. '텔레비전 민족씨름경기'는 단체 및 개인 우승자에게 전통에 따라 황소를 부상으로 주고 경기 과정을 TV로 방영하여 주민들 사이에서 큰 인기를 끌고 있는 것으로 전해진다.

북한 씨름 북한은 매년 단오나 정권수립기념일(9·9절)에 즈음해 황소를 상품으로 내걸고 '전국 텔레비전 민족씨름경기'를 개최하고 있다.

'텔레비전 민족씨름경기'는 체급 구분 없이 무제한으로 열린다. 3단계로 진행되는 개인전의 경우 단판제로 개별 대결한 다음 3연승시 다음 단계로 올라가는 '비교씨름' 방식으로 우수선수 10명을 추려내 '전련맹전(돌려붙기)' 방식으로 최종 우승자를 가려낸다.

특이한 점은 모래판이 아닌 원형 매트(경기장 직경 10미터) 위에서 경기를 치르며, 샅바는 두 무릎을 꿇고 잡는 남한과는 달리 두 선수가 선 자세에서 허리를 굽힌 채 잡는다. 샅바의 색깔은 남한과 마찬가지로 청홍색(青紅色)이지만 윗도리를 입고 하는 점이 다르다. 북한의 씨름은 나이 18세를 기준으로 청소년과 청장년 씨름으로 구분하고 청소년은 40~65킬로그램까지 7체급, 청장년은 55~80킬로그램까지 역시 7체급을 두고 있다.

북한은 2000년에 정권수립 52돌을 맞아 그해 9월 9일부터 15일까지 평양 모란봉 기슭의 씨름터에서 전국 민족씨름대회를 개최했다. 이 대회는 김정일 국방위원장의 지시로 전례 없이 크게 열렸다.

북한은 2002년 단오절(6월 15일)을 맞아 6월 13일부터 모란봉 씨름터에서 '대황소상 전국 근로자 텔레비전 민족씨름경기'를 개최했다. 이 대회 우승자인 내각 육해운성 사무원 김성도(39세)는 무게 900킬로그램의 대황소와 특별 제작된 금소 방울을, 2등은 510킬로그램짜리 중소, 3등은 250킬로그램짜리 황소를 받아 어느 해보다 그 열기가 뜨거웠던 것으로 전해졌다.

또한 2002년 들어 씨름을 소재로 한 최신가요「씨름은 좋아」를 발표하여 눈길을 끌었다. 2002년 1일 14일자 북한 노동당 기관지인 로동신문에 소개된 이 가요는 단옷날에 펼쳐진 씨름판의 풍경을 구성진 우리말로 엮은 것이다. 이 노래는 전체적으로 정치적인 색채가 탈색되었고 씨름의 재미와 민족 정서를 잘 표현했다.

노랫말은 조선인민협주단 소속 작사가 윤두근('김일성상' 계관인)이 썼고 보천보 전자악단의 작곡가 안정호(인민예술가)가 지었다고 로동신문이 밝혔다.「씨름은 좋아」의 가사(1절)는 다음과 같다.

오월이라 단오날에 우리 마을 젊은 이들
정자나무 그늘 아래 씨름판을 펼치였네
봄순아 너의 오빤 붉은 샅바야
박 영감 자네 사원 푸른 샅발세
우여 우여 응원소리 어허허 어허허
(후렴) 닐리리 하좋다 씨름은 씨름은 좋아

샅바, 끈 하나에 걸린 운명

내력과 그에 얽힌 일화

샅바는 씨름꾼들의 필수 불가결한 도구이자 유일무이한 용구다. 그 끈에 씨름꾼들의 운명이 걸려 있다고 해도 결코 지나치지 않다. 승부의 실마리를 풀려는 씨름꾼들이 모래판에 들어서자마자 가장 신경을 곤두세우는 것이 바로 샅바 잡기다. 씨름꾼들이 서로 샅바를 유리하게 잡으려고 초장부터 실랑이를 벌이는 것도 바로 샅바 잡기에 따라 승부가 좌우되기 때문이다.

샅바는 세월의 흐름에 따라 그 시대상을 반영하며 변천을 거듭해 왔다. 각양각태의 샅바 매는 방법에 의해 씨름의 방식도 차이가 났다.

샅바 타래에는 숱한 일화가 얽혀 있다. 예로부터 남아선호의 경향에 젖어 있던 우리네 선조들은 힘센 장사들의 정기가 샅바에 서려 있다고 믿었다. 1970년대까지만 하더라도 유명 씨름꾼들의 샅바를 둘러싸고 쟁탈전이 벌어진 일도 적지 않았다.

대(代)를 이을 아들을 낳지 못한 여염집 아낙네들의 염원은 씨름꾼들의, 그것도 가장 힘센 장사의 샅바를 얻는 것이었다. 그 샅바로 속곳을 해 입으면 아들을 볼 수 있다는 민간의 속설 때문이었다. 그러나 그것을 얻기가 그리 쉬운 노릇은 아니었다. 소위 행세깨나 한다는 그 지방 유지급 정도는 되어야 샅바를 살 수 있었다. 보통 황소 한 마리 값을 장사와 그 일행에게 건네줄 수 있을 만큼 여유가 있어야 했다.

한 지방에서 씨름대회가 열릴 무렵이면 최종 우승자의 샅바를 얻기 위한 사전 각축전이 자못 치열하게 전개되었다. 미리 장사 후보들을 점찍어 놓고, 그 장사의 매니저격이 되는 사람에게 연줄을 놓아 흥정이 되면 일꾼들을 풀어 그 씨름꾼이 아닌 '샅바'를 삼엄하게 감시한다. 눈독 들여 놓은 씨름꾼이 장사에 올라 샅바 쟁탈전이 벌어질 경우에 대비한 방패 막음이었다. 요행히 일이 잘 풀리면 그 장사를 즉각 포위하고 행여나 누군가 샅바의 한 자락이라도 잘라갈세라 집으로 곱게 모신다.

소식을 듣고 있던 그 집에서는 이미 소반 위에 정한수 한 그릇을 떠놓고 조상에 대한 불효막급 당사자 내외가 샅바를 건네받아 소반 위에 올려 놓은 다음 간절한 심정을 담아 얌전하게 절을 올린다. 그런 후에는 장사와 그 일행들이 곧바로 질탕한 술판 속으로 녹아들게 마련이었다.

김해 출신 유명 씨름꾼으로 해방 직후부터 1950년대 경상도 일대 씨름판을 누볐던 고(故) 김대복(金大福) 옹의 회고담 한 토막을 들어보자. "우승을 하고 나면 샅바의 모래를 대충 털고 바지를 입은 채로 씨름판을 나선다. 그날로 샅바를 잘라서 속곳을 해 입어야 효험이 있다고 했다. 그 집안의 살림살이 정도에 따라 대접이 달랐는데 현금을 받을 경우 일등 황소값을 쳤다. 동래나 김해 등지에서 10여 차례 샅바를 팔았던 기억이 난다. 어떤 때는 대회 주최자들이 1등 장사의 샅바를 팔아먹으려 들어 실랑이를 벌인 적도 있다."

그에 따르면 일행의 경비를 충당하기 위해 사전에 샅바 살 사람을 물색하는 경우도 있었다. 선수는 이런 일에 직접 나서지 않고 일행 가운데 좌장격의 선배들이 그 지방 유지들과 접촉하여 일을 처리했다. "샅바를 사갔던 집에서 아들을 낳았다는 후문은 있었다"고 그는 말했지만 자세한 내막에 대해서는 함구했다.

모래판의 신사로 잘 알려져 있는 프로 씨름선수 출신 1호 씨름감독 이준희(李俊熙) 씨는 "프로에서는 없었지만 1970년대 아마추어 시절에 경남 진주 지방에서 대회를 할 때 나이 많은 할머니가 며느리 같은 여인을 데려와서 샅바를 달라고 부탁해와 그냥 준 적이 있다"고 자신의 경험담을 털어놓았다. '누이 좋고 매부 좋은 격'의 지나간 씨름판의 한 풍속도다.

상대방을 눕히고 환호하는 씨름선수 샅바는 씨름꾼들의 필수 불가결한 도구이자 유일무이한 용구다. 그 끈에 씨름꾼들의 운명이 걸려 있다고 해도 지나치지 않다. 씨름꾼들이 서로 샅바를 유리하게 잡으려고 초장부터 실랑이를 벌이는 것도 바로 샅바 잡기에 따라 승부가 좌우되기 때문이다.

한편 프로 씨름을 주관하는 한국씨름연맹이 2001년 12월 14일부터 16일까지 울산에서 2001천하장사씨름대회를 열었는데, 이 대회 우승자인 황규연(黃圭衍)의 청색 샅바를 비롯하여 8강에 든 씨름선수들의 샅바 16개를 인터넷 홈페이지(www.ssirum.or.kr)를 통해 비공개로 경매에 부쳐 판매하는 이색 이벤트를 열어 눈길을 끈 적도 있다.

샅바의 어원과 유래

샅바는 사타구니를 의미하는 '샅'과 무명이나 광목 등으로 굵다랗게 만든 줄인 '바'의 합성어이다. 옛 법제에서는 죄인의 다리를 얽어 묶던 바를 '샅바'라 일컫기도 했다. 바의 재료로 광목이나 무명을 사용하는 것은 현대의 일이고 과거에는 볏짚이나 삼으로 세 가닥을 지어 굵다랗게 드린 줄을 '참바'라고 했다. 황해, 평안, 함경도 등지에서는 이 샅바를 '살바'로 불러왔는데 이는 '살에 매는 바'였기 때문으로 보인다.

샅바의 변천 과정에 대해서는 근거자료를 찾기 힘들다. 다만 처음에는 바지자락을 둘둘 말아 걷어 올려 샅바 대용으로 사용하다가 씨름이 민간에 널리 퍼지면서 용구의 필요성을 느끼고 볏짚이나 삼으로 새끼를 꼬아서 다리바로 사용한 것으로 추정된다. 그 이후 무명으로 바를 삼았고 1920년경부터 광목이 등장하여 현재까지 통용되고 있다.

샅바라는 용구를 이용해 자웅을 겨루는 운동은 세계에서 씨름뿐이다. 일본 스모의 경우, 허리에 '마와시(まわし)'라는 것을 두르고 경기를 하지만 다리와 허리에 동시에 바를 매고 하는 우리 씨름과는 차이가 있다.

샅바를 사용한 공식대회는 1927년 조선중앙기독청년회가 주최하고 동아일보사가 후원한 제1회 조선씨름대회가 처음이다. 1938년 조선씨름협회 김근찬 총무가 전한 바에 의하면, 씨름을 통일하기 위해 영·호남 지역은 나윤출, 북한 지역은 김윤근, 경기도 일원은 김근찬 씨가 조사하고 협의한 끝

경기 전 준비 자세　1983년 이전에 아마추어 선수들은 흑백색 광목 전폭으로 만든 샅바를 착용하였다.

에 심판복과 샅바색을 청홍색으로 통일한 것으로 알려져 있다. 실제로 청홍색 샅바를 사용한 것은 1983년 제1회 민속씨름 천하장사대회 때부터이다.

샅바의 재질과 규격

예전에는 중등부 이상 아마추어 선수들의 경우 흑백색(黑白色) 광목 전폭으로 만든 샅바를 착용하였다. 1983년 프로 출범 이후 그해 9월부터 아마추어나 프로 모두 청홍색 광목 전폭을 사용하고 있다. (초등학교 55킬로그램 이하 선수는 광목 반폭) 민속씨름은 각 체급에 따라 연맹에서 제작하며 제작 방법은 다리고리의 경우 해당 선수 다리(허벅지) 둘레보다 20센티미터 크게 하며, 허리샅바의 경우 해당 선수 허리둘레보다 60센티미터 크게 청홍색으로 제작한다.

샅바의 규격은 1호(총길이 222센티미터, 고리길이 78센티미터 이하)에서 7호(총길이 252센티미터, 고리길이 102센티미터 이하)까지 나뉘어져 있고 폭은 114센티미터로 같다.

샅바의 색깔을 흑백이나 청홍색으로 표시한 것은 선수를 식별하기 위한 방편이었다. 이는 단순히 팀이나 선수의 구분, 경기도구로서의 의미뿐만 아니라 우리 민족이 애용하던 태극문양의 상징적인 의미와 일치시킴으로써 씨름이 민족 고유의 전통경기라는 견해도 있다. (배만실, 「태극문양」)

한때는 샅바 대용으로 선수 허리의 띠에 리본을 묶어서 구분하기도 했다. 흑백으로 색깔을 표시한 것은 해방 이후의 일로 그 이전에는 흰 광목으로만 사용했다. 당시 염색술이 발달되지 못한 탓도 있겠지만 그보다는 백의(白衣)민족으로 일컬어져 온 우리 민족의 전통적인 색상이 존중되었기 때문으로 보인다.

씨름의 실제

경기장 규격 및 시설

경기장은 모래로 시설하는 것을 원칙으로 하며, 아마추어는 실내 경기장을 매트로 설치할 수 있다. 경기장 규격은 한국씨름연맹(이하 민속)과 대한씨름협회(이하 아마추어) 사이에 큰 차이가 없다. 경기장 지름은 민속과 아마추어 모두 8미터로 수평이어야 하며, 선수들의 부상 방지를 위한 보조경기장은 민속은 2미터이며 아마추어는 1.5미터 이상 되어야 한다. 주경기장과 보조경기장의 높이 차이는 10~20센티미터 이내로 한다. 단, 매트로 시설할 경우는 수평으로 하며 보조경기장은 1미터로 하고 선의 폭은 5센티미터로 한다. 전체 경기장 모양은 주경기장의 경우 원형, 보조경기장은 팔각형을 이루고, 색깔은 청홍색으로 구분하며 바닥에서 보조경기장까지 높이는 민속과 아마추어가 70센티미터로 같다.

체급 구분

프로 씨름

프로 민속씨름은 출범 당시인 1983년 한국민속씨름협회가 한국 명산의 이름을 본떠 그 높낮이에 따라 4체급으로 구분하였다. 당시 체급은 태백장사급(75킬로그램 이하), 금강장사급(75.1~85킬로그램), 한라장사급(85.1~95킬로그램), 백두장사급(95.1킬로그램 이상) 등으로 나누었다.

그 이후 민속씨름의 체급은 선수들의 평균 체격이 점차 커진 데다 경기의 집중력과 흥행성을 높이기 위해 1985년 11월에 태백급, 1991년 7월에 금강급을 폐지하고 백두급(100.1킬로그램 이상)과 한라급(100킬로그램 이하) 두 체급만 운용해 왔다. 그러나 지나치게 힘씨름 위주로 흘러 흥미가 반감됐다는 여론에 따라 2003년부터 금강급을 부활시켰다. 한편, 체급별로 한계체중을 조절하여 금강급은 90킬로그램 이하, 한라급은 105킬로그램 이하, 백두급은 105.1킬로그램 이상으로 정했다.

아마추어 씨름

대한씨름협회 경기 규칙에 의하면 아마추어 선수들의 체급은 초 · 중 · 고 · 대학 · 일반 모두 7체급으로 구분한다. 현재 각 분야별 체급의 명칭은 경장급, 소장급, 청장급, 용장급, 용사급, 역사급, 장사급으로 같다. 초등부는 40킬로그램 이하부터 70킬로그램 이상, 중등부는 60킬로그램 이하부터 90킬로그램 이상, 고등부는 70킬로그램 이하부터 100킬로그램 이상, 대학 및 일반부는 75킬로그램 이하부터 105킬로그램 이상으로 나뉘어져 있다. 단 2001년부터 각 부별 체중 상한제를 두어 초등부는 90킬로그램 이하, 중등부는 110킬로그램 이하, 고등부는 120킬로그램 이하, 대학 및 일반부는 130킬로그램 이하로 해 놓았다.

일정한 규칙과 질서가 없어 힘자랑만으로 승부를 겨루었던 씨름은 해방 직후인 1947년 전조선씨름협회가 대한씨름협회로 탈바꿈한 다음 1953년 전국선수권대회 때부터 체급을 구분했다. 대한씨름협회는 그해 중량급(71.25킬로그램 이상)과 경량급(71.25킬로그램 미만)으로 나누어 체급 경기를 실시했고 1967년에 다시 소장 · 청장 · 용사 · 역사 · 장사 등 5체급으로 세분하여 체계를 확립하였다.

그후 1975년에 국민(초등)학교부, 중등부, 고등부, 대학 및 일반부로 체급을 변경했고 1984, 85년에 일부 손질을 거쳐 1986년에 체중을 상향 조정하고 더불어 부문별 7체급으로 정립시켰다.

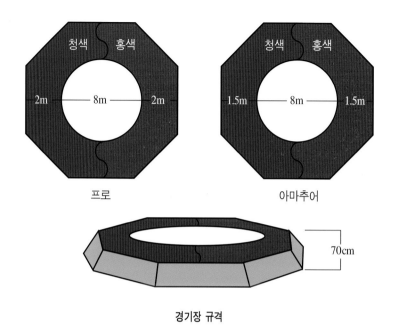

경기장 규격

아마추어 체급표

체 급	초등부	중등부	고등부	대학 · 일반부
경장급	40kg 이하	60kg 이하	70kg 이하	75kg 이하
소장급	40kg 〃	65kg 〃	75kg 〃	80kg 〃
청장급	50kg 〃	70kg 〃	80kg 〃	85kg 〃
용장급	55kg 〃	75kg 〃	85kg 〃	90kg 〃
용사급	60kg 〃	80kg 〃	90kg 〃	95kg 〃
역사급	70kg 〃	90kg 〃	100kg 〃	105kg 〃
장사급	70kg 이상	90kg 이상	100kg 이상	105kg 이상

샅바 매기

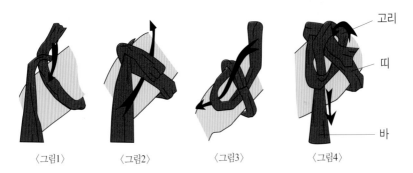

〈그림1〉   〈그림2〉   〈그림3〉   〈그림4〉

고리
띠
바

샅바 고리 매는 방법

1) 하나로 된 긴 띠로 자기 오른쪽 다리 대퇴부 상단 쪽을 한바퀴 돌려서 〈그림1〉과 같이 길이가 긴 띠를 작은 띠 위에 올려놓는다. 이때 띠의 매듭과 대퇴부 상단과의 공간은 자기 대퇴부 상단의 굵기에 따라 약 5~7센티미터 정도의 공간을 둔다.〈그림1〉
2) 짧은 띠를 15~20센티미터 정도의 길이로 접는다.〈그림2〉
3) 길이가 긴 띠의 끝을 잡고 〈그림2〉의 접는 부분의 안쪽으로 〈그림3〉과 같이 안쪽으로 잡아 올린다. 이때 고리가 생긴다.
4) 고리가 생긴 쪽을 긴 띠가 고리 안쪽으로 넣어서 단단해질 때까지 잡아당겨서 〈그림4〉와 같이 완성된 매듭을 만든다.

〈그림1〉   〈그림2〉

〈그림3〉　　　　　　　　　　　　〈그림4〉

〈그림5〉

샅바 매는 방법
1) 원형으로 된 샅바의 고리를 자기 오른쪽 다리 상단 대퇴부에 끼운다.〈그림1〉
2) 긴 띠를 등 뒤 허리 쪽을 돌려서 앞 하복부 쪽을 지나 다리샅바 뒤에 있는 고리 안쪽으로 넣는 다.〈그림2〉
3) 고리 쪽으로 빠진 긴 고리를 접어서 앞쪽 다리샅바 고리 안쪽으로 집어넣은 후 복부에 있는 샅바 안쪽으로 끼워 넣는다.〈그림3〉
4) 긴 꼬리를 〈그림4〉와 같이 집어넣은 후 단단하게 쥔다.
5) 남는 긴 띠는 보기 싫지 않게 하복부 쪽 샅바에 잘 끼워 넣는다.〈그림5〉

샅바 잡기

샅바를 잡을 때 주의할 점은 1)엉덩이를 들거나 뒤로 빼는 행위, 2)어깨를 너무 낮추거나 상대방 어깨를 밀어붙이는 행위, 3)잡은 샅바를 고의로 놓는 행위 등이 있다.

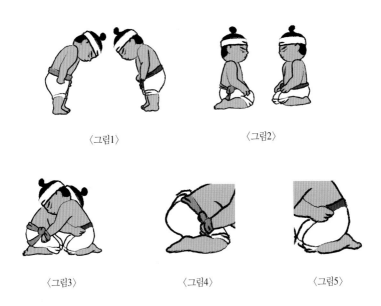

〈그림1〉   〈그림2〉

〈그림3〉   〈그림4〉   〈그림5〉

샅바는 주심의 구령에 따라 잡는다.
1)주심이 "선수 출전" 구령을 하면 두 선수는 경기장 양끝에서 본부석을 향해 절을 한 후 서로 마주 보고 인사를 한다.〈그림1〉
2)두 선수가 인사를 한 후 경기장 중앙으로 들어와서 서로 마주 보고 자연스럽게 무릎을 꿇고 앉는다. 이때 두 선수는 무릎에서부터 10~30센티미터 되는 곳에 앉고 상체를 바로 세운 상태에서 양손은 무릎 위에 놓는다.〈그림2〉
3)주심이 "샅바 잡아" 구령을 하면 자기의 오른쪽 어깨와 상대의 오른쪽 어깨를 밀착시킨다.〈그림3〉
4)주심이 "다리샅바 잡아" 구령을 하면 자기의 왼손을 상대 오른쪽 다리샅바 안쪽으로 끼워 넣어 밖으로 잡는다.〈그림4〉
5)주심이 "허리샅바 잡아" 구령을 하면 오른손으로 상대 선수의 왼쪽 허리샅바를 잡는다. 이때 재봉선을 넘지 않게 한다.〈그림5〉

경기시작 전 준비자세

준비자세에서 주의할 점은 1) 자세가 불리하다고 해서 고의로 샅바를 놓는 행위, 2) 샅바를 더 많이 잡으려고 하는 행위, 3) 오른다리를 뒤로 빼는 행위, 4) 상대방 어깨를 고의로 미는 행위, 5) 주심의 시작 신호 전에 먼저 공격을 하는 행위 등이다.

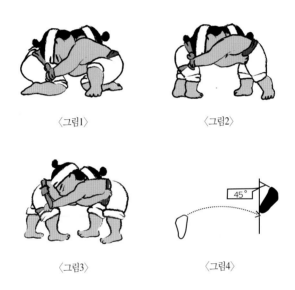

〈그림1〉   〈그림2〉

〈그림3〉   〈그림4〉

1) 주심이 "왼무릎 세워" 구령을 하면 왼쪽 무릎을 일으켜 세운다. 〈그림1〉
2) 주심의 "일어서" 구령과 함께 두 선수는 오른쪽 무릎을 일으켜 세운다. 〈그림2〉
3) 두 선수는 어깨를 서로 맞대고 등이 수평이 되도록 하며 이때 주심이 "자세잡아" 한다. 〈그림3〉
4) 두 선수가 샅바를 잡고 일어서서 제일 좋은 중심을 잡을 수 있는 자세는 양다리를 자기 어깨 넓이만큼 벌리고 오른다리 뒤꿈치와 왼다리 앞쪽 발끝이 직선이 되도록 하고, 양쪽 무릎 관절은 15도 정도 굽히고 오른쪽 발은 45도 정도 오른쪽으로 돌린다. 〈그림4〉
5) 주심이 "시작" 신호를 내린다.

씨름의 기술

씨름은 두 사람이 심판의 신호에 따라 마주하여 꿇어앉고 서로 오른쪽 어깨를 맞대고 왼손으로 상대의 다리샅바를 먼저 잡고, 오른손으로 허리샅바 고리를 잡는다. 다리샅바와 허리샅바를 다 잡으면 심판의 구령에 따라 "왼 무릎 세워", "일어서", "자세 잡아", "시작"과 동시에 서로 다양한 기술을 구사하여 먼저 넘어지거나 모래판에 무릎 위 신체가 먼저 닿는 사람이 패자가 된다.

씨름 기술은 손 기술, 허리 기술, 다리 기술, 종합 기술 등 크게 네 가지로 구분할 수 있고, 시대의 변천에 따라 기술이 점차 발전되어 왔다. 특히 민속씨름이 출범하여 성황을 이루게 됨에 따라 씨름 기술도 많이 발전하게 되었으며, 다양한 기술이 많이 생겨났다.

손 기술 상대를 손으로 당기거나 밀고 젖히고 팔로 감아 넘어뜨리는 기술.

다리 기술 발과 다리를 이용하여 상대를 당기고 걸고 후리고 치며 넘어뜨리는 기술.

허리 기술 상대를 들어서 오른쪽과 왼쪽으로 돌리고 허리를 이용하여 넘어뜨리는 기술.

종합 기술 다양한 기술을 연결시켜 상대방을 넘어뜨리고 손을 풀어 장기전 형태의 공격.

씨름 기술은 앞의 네 가지 기술에서 다시 세부적으로 공격 기술, 되치기 기술, 방어 기술로 나뉜다.

> **공격 기술** 다양한 기술을 구사하여 상대 선수를 공격하고 모래판에 먼저 넘어지게 하는 행위.
> **방어 기술** 상대방 선수가 공격해 오는 기술은 피하고 방어하는 행위.
> **되치기 기술** 공격해 오는 상대방 선수의 기술을 되받아 공격하여 상대방을 넘어지게 하는 행위.

예로부터 입으로 전해 내려온 씨름 기술 용어는 크게 농업적인 것과 생체학적인 것으로 나누어 볼 수 있다. 이것은 씨름 용어가 전통 농경사회의 부산물로서 생활 습속 가운데서 자연스럽게 우러났음을 알게 해 준다.

조선시대의 『경도잡지』, 『동국세시기』 등에 보면 기술(자세) 이름으로 내구(內句), 외구(外句), 윤기(輪起) 등 세 가지가 나타나 있다. 이것은 옛 씨름의 기술이 단순한 데다 승부 자체를 중요시(경기 시간의 제한이 없고 도전자를 차례로 물리쳐 마지막에 남는 자인 도결국을 최고의 장사로 칭함) 했기 때문으로 보인다.

1970년대 이후 세분화, 다양화한 씨름 기술은 대표적인 허리 기술인 배지기만 하더라도 왼배지기, 오른배지기, 맞배지기, 엉덩배지기, 돌림배지기, 달싹배지기 등 10여 가지가 될 정도였다.

또한 1980년대 초반만 하더라도 통일된 용어가 없어 쓰는 사람과 지방마다 달라 혼란을 빚었다. 그에 따라 대한씨름협회가 1984년 1월 한글학회(당시 이사장 허웅)의 심의를 거쳐 70개의 각종 씨름 용어를 정리하고 통일했다. 그 70개의 용어는 재간(기술) 이름 54개, 자세 이름 5개, 샅바잡기 이름 8개, 샅바 부분 이름 3개(고리, 고, 띠) 등이다.

54개의 재간 이름은 다시 손 기술 12, 다리 기술 20, 허리 기술 9, 종합 기술 13가지로 구분하였다. 기술 명칭은 생체학적인 것이 대부분이고 농업적인 것은 연장에서 따온 연장걸이, 호미걸이, 낚시걸이(이상 다리 기술) 등

과 농·수산물의 명칭을 딴 콩꺾기(손 기술), 자반뒤집기(종합 기술) 등이
있다.

　현재 씨름 기술은 공격, 방어, 되치기 기술 등 통틀어 106개 정도로 알려
져 있다. 이를 형태별로 세분하면 손 재간(손 기술) 18, 다리 재간(다리 기
술) 17, 허리 재간(허리 기술) 19, 종합 재간(온몸 및 연결동작) 24 등이다.

　여기서는 씨름 기술 106수를 바탕으로 하여 누구나 쉽게 이해하고 따라
할 수 있도록 연속 동작으로 편집하였다.

손 기술(팔 기술)

손 기술은 손을 이용해서 상대방을 앞으로 당기거나 밀고 또는 옆으로
젖혀 넘어뜨리는 기술이다. 손 기술에는 다음과 같은 16가지 종류가 있으
며 여기에서는 중요한 기술만 서술하겠다.

<table>
<tr><td>• 앞무릎치기</td><td>• 앞무릎짚고밀기</td></tr>
<tr><td>• 뒷무릎치기</td><td>• 들안아놓기</td></tr>
<tr><td>• 오금당기기</td><td>• 등쳐감아돌리기</td></tr>
<tr><td>• 옆무릎치기</td><td>• 등쳐감아젖히기</td></tr>
<tr><td>• 등채기</td><td>• 애목잡채기</td></tr>
<tr><td>• 꼭뒤집기</td><td>• 앞무릎뒤집기</td></tr>
<tr><td>• 콩꺾기</td><td>• 팔잡아돌리기</td></tr>
<tr><td>• 앞무릎짚기</td><td>• 앞으로누르기</td></tr>
</table>

앞무릎치기

손 기술의 대표적인 기술로서 두 선수가 서로 어깨를 맞댔을 때 상대의 중심이 앞으로 쏠리거나 중심이동을 하면서 앞으로 밀어올 때, 어깨와 오른다리를 오른쪽 뒤로 회전하듯이 빼면서 상대방을 넘어뜨리는 기술이다.

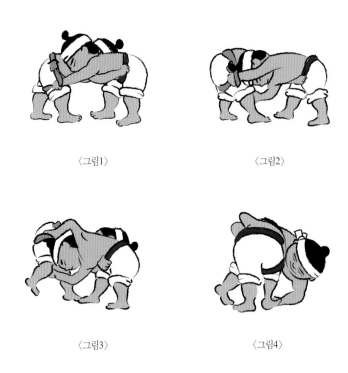

〈그림1〉   〈그림2〉

〈그림3〉   〈그림4〉

1) 오른손을 상대의 앞으로 나온 무릎 관절에 댄다.〈그림2〉
2) 이때 어깨를 빼면서 오른손은 상대의 오른쪽 무릎을 힘차게 치며, 왼손과 같은 방향으로 밀어 올리도록 하고 자신의 머리는 상대방 겨드랑이 옆에서 힘차게 오른 방향으로 밀어친다.〈그림3〉
3) 오른다리는 몸의 균형과 중심을 잡기 위해 뒤쪽으로 빠지면서 회전을 시킨다.〈그림4〉

뒷무릎치기

앞무릎치기 다음으로 많이 사용하는 기술로서 상대방의 왼쪽 다리가 앞쪽으로 많이 나와 있거나 또는 뒤쪽으로 중심이동이 잘못되었을 경우에 공격하는 기술이다.

〈그림1〉　　　　　　　　　　〈그림2〉

〈그림3〉　　　　　　　　　　〈그림4〉

1) 상대방의 다리샅바를 잡아당기고 허리샅바를 잡고 있던 오른손을 놓으면서 상대방의 왼쪽 무릎 관절 뒷부분을 잡는다.〈그림2〉
2) 상대방 왼쪽 발이 뒤쪽으로 움직이지 못하게 당기면서 어깨와 상체를 이용하여 정면 또는 우측 45도 방향으로 밀어 넘긴다.〈그림3〉
3) 자신의 상체가 일어서지 않게 주의하고 상대방의 중심을 이용하면서 넘어뜨린다.〈그림4〉

오금당기기

상대방의 오른쪽 다리가 앞쪽으로 많이 나왔을 때, 또는 중심이 오른쪽 다리에 많이 있을 경우, 오른쪽 무릎 관절이 굽혀져 있을 때 공격하는 기술로서 기습적인 공격이다.

〈그림1〉   〈그림2〉

〈그림3〉   〈그림4〉

1) 오른손으로 상대방의 오른쪽 무릎 관절 뒤 부분을 잡는다.〈그림2〉
2) 왼손(다리샅바를 잡은 손)과 함께 재빠르게 사타구니 안쪽으로 잡아당긴다.〈그림3〉 이때 상체가 일어나지 않게 한다.
3) 중심은 고정시키고 상체를 밀어 상대방의 오른쪽 다리를 힘차게 잡아당겨서 넘어뜨린다.〈그림4〉

옆무릎치기

상대방이 오른쪽 무릎에 중심을 두거나 밀어붙인다는 생각이 들 때 다리
샅바를 잡고 있던 왼손을 놓으면서 상대방의 오른손 팔꿈치를 잡아당기고
오른손으로 상대의 왼쪽 무릎 바깥쪽을 쳐서 꺾는 기술이다.

〈그림1〉　　　　　　　　　　　〈그림2〉

〈그림3〉　　　　　　　　　　　〈그림4〉

1) 다리샅바를 잡은 왼손을 놓으면서 상대의 오른팔 윗부분(주관절 위)을 잡고 힘차게 당기고, 허
　리샅바를 잡고 있던 오른손은 상대의 오른쪽 무릎 바깥쪽에 손바닥이 붙도록 한다.〈그림2〉
2) 왼쪽 다리를 시계 반대 방향으로 회전하면서 상대방을 회전시킨다.〈그림3〉
3) 상체를 왼쪽으로 숙이면서 상대방을 강하게 잡아당긴다.〈그림4〉

등채기

상대방이 자기를 향해 밀거나 상체 중심을 너무 낮추고 있다고 생각할 때, 허리샅바를 잡고 있는 오른손을 상대의 어깨 너머로 돌려서 등 뒤로 허리샅바를 잡으면서 앞으로 힘껏 잡아당겨 넘어뜨리는 기술이다.

〈그림1〉　　　　　　　　〈그림2〉

〈그림3〉　　　　　　　　〈그림4〉

〈그림5〉

1) 오른다리로 상대의 다리가 앞으로 나오지 못하도록 하고, 허리샅바를 잡은 오른손을 상대방 어깨 너머로 빼서 등 뒤로 샅바를 잡는다. 〈그림2〉
2) 상대방 중심을 오른쪽으로 향해 회전을 시킨다. 〈그림3〉
3) 이때 자신의 오른팔꿈치는 상대방의 상체와 머리를 누른다. 〈그림4〉
4) 자신이 잡고 있는 다리샅바를 힘차게 들어올려서 넘어뜨린다. 〈그림5〉

꼭뒤집기

상대방의 바깥다리나 밀어치기 공격을 피하면서, 상대방 뒷목덜미를 오른손으로 누르고 다리샅바를 잡은 왼손을 이용하여 넘어뜨리는 기술이다.

〈그림1〉　　　　　　　〈그림2〉

〈그림3〉　　　　　　　〈그림4〉

1) 허리샅바를 잡은 오른손을 상대방 어깨 너머로 빼서 뒷목덜미를 오른손으로 누른다. 〈그림2〉
2) 자신의 오른다리는 뒤쪽으로 빼면서 중심을 회전시키고 상대방의 머리를 힘차게 누른다. 〈그림3〉
3) 중심과 몸을 회전시키면서 상대방을 넘어뜨린다. 〈그림4〉

콩꺾기

이 기술의 명칭은 누렇게 익은 콩을 낫으로 꺾는 것과 그 모양이 같은 데서 유래한다. 한 손이나 두 손으로 상대의 오금을 끌어당겨 채면서 상대방의 오른쪽 다리를 가슴으로 끌어안아 넘어뜨리는 기술이다.

〈그림1〉　　　　　　　　　　　〈그림2〉

〈그림3〉　　　　　　　　　　　〈그림4〉

1) 상대의 오른쪽 앞무릎을 손으로 약간 밀어 주면서 앞무릎치기의 동작을 시도하다가 순간적으로 상대방 오른쪽 뒷오금을 당긴다.〈그림2〉
2) 바른 자세에서 중심을 가운데 두고 상체를 바르게 뻗으면서 무릎을 굽히지 않고 상대방 오른쪽 다리 뒷오금을 힘차게 당긴다.〈그림3〉
3) 가슴 윗부분은 상대를 견제하고 힘의 균형을 잃지 않도록 노력하여 상대방을 강하게 넘어뜨린다.〈그림4〉

앞무릎짚기

샅바를 잡고 있을 때 상대의 중심이 앞으로 쏠리면, 상대의 앞으로 나온 무릎에 자신의 허리샅바를 놓으면서 오른쪽 무릎을 강하게 밀면서 앞으로 넘어뜨리는 기술이다.

〈그림1〉　　　　　　　　〈그림2〉

〈그림3〉　　　　　　　　〈그림4〉

1) 자신의 허리샅바를 놓고 오른손으로 상대의 오른쪽 무릎을 움직이지 못하게 힘차게 친다.〈그림2〉 이때 머리는 상대의 겨드랑이에 있어야 한다.
2) 오른다리는 몸의 균형과 중심을 잡고, 무릎을 약간 굽혀 발바닥을 축으로 하여 안쪽으로 반쯤 회전시킨다.〈그림3〉
3) 머리로 상대방 겨드랑이를 힘차게 밀고 오른손도 상대의 오른쪽 다리가 움직이지 못하게 하면서 강하게 넘어뜨린다.〈그림3〉

앞무릎짚고밀기

바른 자세에서 오른손으로 상대의 오른쪽 무릎을 짚고 오른쪽 어깨를 축으로 하여 밀어붙여 넘기는 기술이다. 이때 두 무릎 중 앞쪽 무릎은 깊이 구부리고 뒤쪽 무릎은 앞쪽으로 밀어 몸의 균형과 중심을 잃지 않게 한다.

〈그림1〉　　　　　　　　　〈그림2〉

〈그림3〉　　　　　　　　　〈그림4〉

1)오른손으로 상대의 오른쪽 무릎을 강하게 민다.〈그림2〉
2)머리로 상대의 겨드랑이 부분을 강하게 밀고 오른다리를 뒤쪽으로 뺀다.〈그림3〉
3)상대의 오른다리를 움직이지 못하게 강하게 짚고 오른쪽으로 넘긴다.〈그림4〉

들안아놓기

　들안아놓기는 '들어서안아놓기' 라고도 하며 양무릎을 굽히고 왼쪽 무릎을 앞에 있는 오른다리 오금 안쪽으로 당겨서 약간 뒤로 젖히는 기분으로 상대를 무릎 위로 높이 들어올려 넘기는 기술이다.

〈그림1〉　　　　　　〈그림2〉

〈그림3〉　　　　　〈그림4〉

〈그림5〉

1) 상대를 들어올리면서 허리샅바를 잡고 있는 오른손과 왼손을 아래로 처져 있는 상대의 오른다리에 붙인다. 〈그림2~3〉
2) 상대의 상체를 앞으로 강하게 밀어붙인다. 〈그림4〉
3) 중심을 잡고 오른쪽 다리를 앞으로 밀면서 상대를 넘어뜨린다. 〈그림5〉

등쳐감아돌리기

등채기와 비슷한 기술로서 상대가 바깥다리 공격을 해 오거나 공격자가 바깥다리 공격을 하다가 되치기 우려가 있을 경우 사용하는 기술이다.

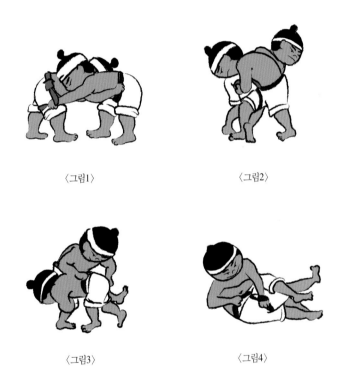

〈그림1〉　　　　　　　〈그림2〉

〈그림3〉　　　　　　　〈그림4〉

1) 오른다리를 상대의 왼쪽 다리 바깥쪽 발목까지 감고 오른손으로 상대방의 등 샅바 중간을 잡는다.〈그림2〉
2) 왼다리를 축으로 몸을 왼쪽으로 회전시키면서 상대의 허리샅바를 강하게 앞쪽으로 끌어당긴다. 〈그림3〉
3) 다리샅바 고리를 잡은 왼손과 오른다리는 힘차게 위쪽으로 잡아당겨 올리고 몸을 앞으로 굽히면서 왼쪽으로 크게 회전시켜 상대를 넘어뜨린다.〈그림4〉

등쳐감아젖히기

등샅바 중간 띠를 잡은 상태에서 오른다리로 상대의 오른다리를 감고 '등쳐감아돌리기'의 방법과 반대로 넘기는 기술이다.

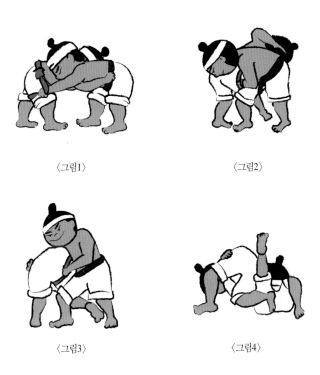

〈그림1〉 〈그림2〉

〈그림3〉 〈그림4〉

1) 오른다리로 상대의 왼다리를 걸고 오른손은 등쪽 샅바 중간을 잡는다.〈그림2〉
2) 다리를 뒤로 올리지 말고 몸을 앞으로 숙이면서 감겨 있는 다리를 앞으로 낚아 당긴다.〈그림3〉
3) 왼다리를 걸어 올리면서 넘어뜨린다.〈그림4〉

애목잡채기

상대가 오른쪽 다리에 중심을 두고 있을 때 공격자는 허리샅바를 잡고 있던 오른손으로 상대방의 목을 감으면서 잡채기와 비슷한 방법으로 공격을 한다.

〈그림1〉　　　　　　　　〈그림2〉

〈그림3〉　　　　　　　　〈그림4〉

1)상대방을 자기 몸 쪽으로 당겨 붙이면서 허리샅바를 잡은 오른손으로 상대의 목을 감싸안는다.
  〈그림2〉
2)다리샅바를 강하게 잡아당기고 오른손은 상대의 머리를 꺾는다.〈그림3〉
3)상대방을 왼쪽으로 회전시키면서 넘어뜨린다.〈그림4〉

다리 기술(발 기술)

상대의 발이나 다리를 걸어서 앞으로 당기거나 또는 옆으로 틀거나 꺾어서 넘기기도 하고 때로는 돌려 후려쳐서 넘어뜨리는 기술이다. 다리 기술에는 다음과 같이 18가지 기술이 있다.

- 밭다리걸기
- 안다리걸기
- 호미걸이
- 빗장걸이
- 덮걸이
- 밭다리후리기
- 밭다리감아돌리기
- 낚시걸이
- 뒷발목걸이

- 발목걸어틀기
- 앞다리차기
- 모둠앞무릎치기
- 무릎대어돌리기
- 오금걸이
- 연장걸이
- 발목걸어밀기
- 무릎틀기
- 뒤축걸어밀기

밭다리걸기

기습적인 공격으로 상대가 자기보다 키가 작거나 중심이 오른다리에 많이 쏠려 있다고 판단될 때 공격자의 오른다리를 이용해 상대 오른다리 바깥쪽을 걸어 넘어뜨리는 기술이다.

주의 밭다리걸기에는 많은 기술의 변형이 있을 수 있고, 상대를 넘어뜨릴 때도 여러 방향으로 쓰러뜨릴 수 있으나 상대한테 되치기 공격을 당하기 쉬운 기술이다.

〈그림1〉 　　　　　　　　〈그림2〉

〈그림3〉 　　　　　　　　〈그림4〉

1) 상대를 자기 몸 쪽으로 당겨 붙이면서 자신의 왼발을 한 보 앞으로 내어 중심을 이동시키면서 오른다리를 상대의 오른다리 바깥쪽에 강하게 걸어서 붙인다. 〈그림2〉
2) 상대의 상체를 강하게 시계 반대 방향으로 꺾고 다리는 움직이지 못하게 꺾는다. 〈그림3〉
3) 윗몸은 약간 앞으로 내밀듯이 하고 오른다리로 상대의 오른다리를 감아, 상대의 중심이 뒤로 기울어지도록 밀어 넘어뜨린다. 〈그림4〉

안다리걸기

다리 기술 중에 꽃이라 할 수 있고 씨름경기 기술에서 가장 많이 사용한다. 오른다리로 상대의 왼다리 안쪽을 걸어서 넘기는 기술이다.

주의 안다리걸기는 상대편 신장이 자기보다 크거나 들려고 할 때 또는 상대의 왼다리가 안쪽으로 많이 들어왔을 때 주로 이루어진다. 맞배지기에서 두 선수의 몸이 붙어 있고, 상대의 무릎 간격이 많이 벌어져 있을 때가 좋은 기회이다. 정확한 안다리걸기를 하기 위해서는 항상 몸의 균형과 중심을 잘 유지하고 왼발을 앞으로 움직이면서 허리샅바를 잡은 오른손으로 상대를 오른쪽으로 당기면서 중심은 약간 아래로 낮추고, 정면보다는 약간 측면으로 오른다리를 길게 안으로 뻗쳐 넣으면서 감아 젖혀 넘어뜨리는 것이 효과적이다.

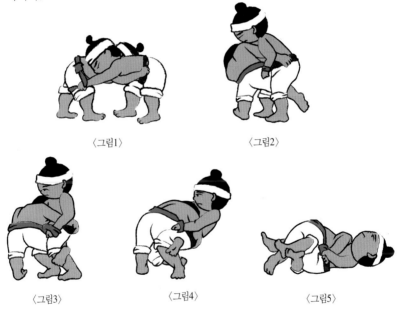

〈그림1〉   〈그림2〉

〈그림3〉   〈그림4〉   〈그림5〉

1) 상대를 자기 몸 쪽으로 당겨 붙이면서 왼발을 상대의 오른발 앞으로 이동시키고 오른다리는 상대의 왼다리 안쪽에서 바깥쪽 무릎 뒤를 감는다.〈그림2〉
2) 허리샅바와 다리샅바를 강하게 몸 쪽으로 당기면서 상체는 밀고 상대의 왼다리를 뒤쪽으로 이동하지 못하도록 한다.〈그림3〉
3) 머리를 상대의 옆쪽에 대고 상체를 밀고, 걸고 있는 다리도 힘차게 앞으로 당긴다.〈그림4〉
4) 상대의 상체를 뒤쪽으로 꺾으면서 넘긴다.〈그림5〉

호미걸이

상대가 들려고 하거나 또는 서로 맞배지기 상태이거나 오른발이 앞으로 많이 나왔다고 판단될 때 상대의 오른발목 뒷부분을 공격자가 오른발꿈치로 걸어 당겨 넘어뜨리는 기술이다.

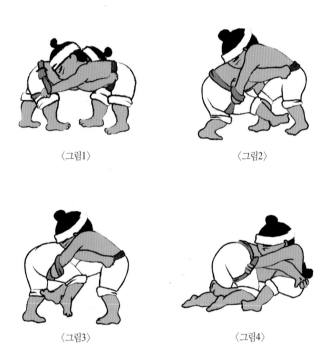

⟨그림1⟩   ⟨그림2⟩

⟨그림3⟩   ⟨그림4⟩

1) 중심은 왼발에 두고 오른발을 상대의 오른발 뒷부분으로 이동시킨다.⟨그림2⟩
2) 다리샅바와 걸린 발목은 앞으로 힘차게 당기고 중심을 낮추면서 머리는 상대의 겨드랑이에 붙인다.⟨그림3⟩
3) 오른다리로 상대의 오른다리를 강하게 당기고 상대의 다리샅바를 왼쪽으로 잡아당기면서 꺾어 넘긴다.⟨그림4⟩

빗장걸이

상대가 강하게 들거나 하체의 중심이 뒤쪽으로 있다고 판단될 때 공격하는 기술로 공격자의 오른발등으로 상대의 왼쪽 뒤꿈치를 걸면서 넘긴다.

〈그림1〉 〈그림2〉

〈그림3〉 〈그림4〉

〈그림5〉

1) 상대가 안다리걸기로 공격하려고 할 때 자신의 중심은 왼발에 둔다. 〈그림2〉
2) 오른발등을 상대의 왼발 뒤꿈치로 이동시킨다. 〈그림3〉
3) 상체를 강하게 앞으로 밀고 다리샅바와 허리샅바를 강하게 잡아당긴다. 〈그림4〉
4) 왼쪽 또는 뒤쪽으로 상대를 밀면서 넘긴다. 〈그림5〉

덮걸이

상대가 배지기 또는 들려고 할 때 공격자가 들렸다가 내려서면서 공격하는 기술로서, 오른다리를 이용하여 상대의 왼쪽 무릎 뒤쪽을 공격하여 넘기는 기술이다.

〈그림1〉   〈그림2〉

〈그림3〉   〈그림4〉

〈그림5〉

1) 상대를 자신의 몸 쪽으로 붙이면서 왼다리에 중심을 둔다.〈그림2〉
2) 오른다리를 상대의 왼쪽 무릎 뒤에 걸어 상체를 제압한다.〈그림3〉
3) 상대의 상체를 강하게 밀어붙이고 오른다리는 자신의 안쪽으로 잡아당긴다.〈그림4〉
4) 상대의 상체를 뒤로 밀고 다리샅바와 허리샅바를 당기면서 넘긴다.〈그림5〉

밭다리후리기

밭다리걸기와 비슷한 기술로 상대의 오른다리가 자신의 왼발 앞으로 접근할 때, 왼다리를 이용해 상대의 오른다리를 후리면서 감아 올려 넘긴다.

주의 밭다리후리기는 시계 반대 방향으로 상대의 중심을 이동시켜 기술을 걸어야 한다. 특히 상대를 왼쪽으로 회전시킬 때 그 탄력을 이용해야 큰 효과를 얻을 수 있으며, 다리를 후리며 감아 올리도록 한다.

〈그림1〉 〈그림2〉

〈그림3〉 〈그림4〉

1) 상대를 자기 몸 쪽으로 붙이고 왼발을 한 보 앞으로 내어 중심을 이동시키면서 오른다리를 상대의 오른다리 바깥쪽에 강하게 걸어서 붙인다.〈그림2〉
2) 상대의 상체를 강하게 시계 반대 방향으로 꺾고 자신의 오른다리는 후리면서 감아 올린다.〈그림3〉
3) 윗몸은 약간 앞으로 내밀고 오른다리로 상대의 오른다리를 감아 중심이 뒤로 기울어지도록 왼쪽으로 다리를 감아올리면서 넘어뜨린다.〈그림4〉

밭다리감아돌리기

두 선수의 상체가 맞붙어 있고, 오른다리가 서로 엉켜 감겼을 때, 또는 오른쪽 어깨를 빼고 돌고 있을 때 오른다리로 상대의 오른다리를 뱀처럼 감아 올리며 넘기는 기술이다.

상대가 힘으로 밀거나 밭다리걸기로 승부를 시도할 때 공격자가 신속하게 밭다리감아돌리기를 하고, 왼발은 처음 위치에 그대로 두면서 중심이동을 잘 시켜야 한다.

〈그림1〉　　　　　　　〈그림2〉

〈그림3〉　　　　　　　〈그림4〉

1) 서로의 다리가 감겼을 때 상대를 몸 쪽으로 붙이고 자신의 왼발을 한 보 앞으로 내어 중심을 이동시키면서 오른다리를 상대의 오른다리 바깥쪽에 강하게 걸어서 붙인다.〈그림2〉
2) 상대의 상체를 강하게 시계 반대 방향으로 꺾고 자신의 오른다리는 상대의 오른다리를 강하게 뱀처럼 감는다.〈그림3〉
3) 윗몸은 앞으로 내밀고 오른다리로 상대의 오른다리를 감아, 중심이 뒤로 기울어지도록 왼쪽으로 넘어뜨린다.〈그림4〉

낚시걸이

상대가 강하게 들거나 중심이동이 불안할 때 또는 왼쪽다리에 중심이 많이 있을 때 사용하는 기술로서, 자신의 오른쪽 발등을 상대의 오른발목 바깥쪽에 걸어서 넘기는 기술이다.

〈그림1〉　　　　　　〈그림2〉

〈그림3〉　　　　　〈그림4〉

〈그림5〉

1) 왼발을 한 보 앞으로 내어 중심을 이동시키면서 오른다리를 상대의 오른다리 바깥쪽 발목에 강하게 걸어서 붙인다.〈그림2〉
2) 상대의 상체를 강하게 시계 반대 방향으로 꺾고 자신의 오른다리로 상대의 오른발목을 옆쪽으로 걸어 올린다.〈그림3〉
3) 윗몸을 앞으로 내밀고 강하게 왼쪽으로 젖히면서 상대의 중심을 자신의 왼쪽으로 낚아 젖힌다. 〈그림4〉
4) 상대의 다리샅바를 강하게 당기면서 왼쪽으로 꺾어 넘긴다.〈그림5〉

뒷발목걸이

상대가 왼다리 자세일 때 또는 두 다리의 중심이 안쪽으로 모여 있을 때, 자신의 오른발목으로 상대의 왼발목을 바깥쪽으로 걸어 차면서 넘기는 기술이며 상황에 따라 발목을 걸어서 밀어붙여도 좋다.

주의 상대가 멈춰 선 상태에서보다는 오른쪽으로 회전 이동하여 가는 상태가 공격할 때 효과적이다.

〈그림1〉　　　　　　　　　〈그림2〉

〈그림3〉　　　　　　　　　〈그림4〉

1) 자신의 왼발을 한 보 앞으로 내어 중심을 이동시키고 오른다리를 상대의 왼다리 바깥쪽 발목에 강하게 붙인다.〈그림2〉
2) 상대의 상체를 강하게 시계 방향으로 밀어붙이고 자신의 오른다리는 상대의 오른발목을 바깥쪽으로 걸어 찬다.〈그림3〉
3) 머리는 상대의 겨드랑이에 붙여 오른쪽으로 밀고 다리샅바는 위로 당겨 올리면서 상대를 넘긴다.〈그림4〉

발목걸어틀기

상대가 강하게 들거나 하체 중심이 오른발에 있다고 판단될 때 공격하는 기술로 '빗장걸이' 기술과 비슷하다. 공격자의 오른발등을 상대의 왼쪽 뒤 꿈치로 걸면서 왼쪽으로 들어올려 넘긴다.

〈그림1〉

〈그림2〉

〈그림3〉

〈그림4〉

〈그림5〉

1) 상대가 들려고 시도할 때 중심은 왼발에 두고 자신의 오른발등을 상대의 왼발 뒤꿈치로 이동시 킨다.〈그림2〉
2) 상체로 잡채기 형태의 공격을 취하면서 다리샅바는 강하게 당겨 붙이고 자신의 오른다리는 들어 올린다.〈그림3〉
3) 상대를 왼쪽으로 꺾으면서 넘긴다.〈그림4~5〉

앞다리차기

상대의 오른발에 중심이 있거나 앞으로 나와 있다고 판단될 때 오른발목을 공격하여 넘기는 기술이다.

〈그림1〉   〈그림2〉

〈그림3〉   〈그림4〉

1) 상대를 오른쪽으로 밀면서 자신의 오른다리를 상대의 오른쪽 다리 발목으로 이동시킨다. 〈그림2〉
2) 상대의 겨드랑이에 머리를 붙이고 오른발바닥으로 상대의 오른발목을 강하게 걸어찬다. 〈그림3〉
3) 상대를 오른쪽으로 강하게 밀면서 다리샅바를 잡아당기면서 넘긴다. 〈그림4〉

모둠앞무릎치기

상대가 밀거나 중심이 앞에 있을 때 '앞무릎치기', '앞다리치기'와 같이 오른손과 오른발이 동시에 이중으로 공격하는 기술로서, 상대의 힘을 이용하여 넘긴다.

주의 모둠앞무릎치기를 할 때에는 중심과 균형을 유지하고 몸을 오른쪽으로 돌리면서 상대를 넘어뜨린다. 두 선수가 치열한 공방전 후 소강 상태에 있을 때 상대의 허점을 노려 공격을 시도하는 것이 좋다.

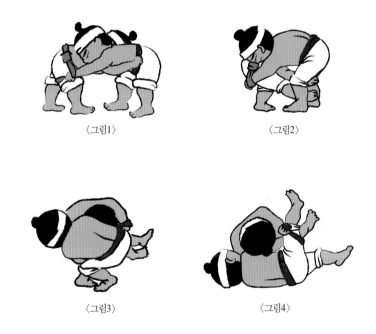

〈그림1〉　　　　　　　　　〈그림2〉

〈그림3〉　　　　　　　　　〈그림4〉

1) 상대의 어깨 및 상체를 뒤로 약간 밀어 올리고 중심이 내려오는 힘의 반동을 이용하여 오른손과 오른발을 상대의 오른무릎과 발목에 갖다 댄다.〈그림2〉
2) 상대의 몸 중심이 앞으로 치우치는 순간, 오른손으로 상대의 앞무릎을 힘껏 치는 동시에 오른발 바닥으로 상대의 발목 안쪽을 힘 있게 걸어찬다.〈그림3〉
3) 상대의 다리샅바를 위로 잡아당겨 올리면서 오른쪽으로 넘긴다.〈그림4〉

무릎대어돌리기

배지기 상태에서 상대가 넘어가지 않을 때 오른발바닥을 상대의 왼다리 바깥무릎에 대어 꺾는 듯하면서 돌려서 넘기는 기술이다.

〈그림1〉 〈그림2〉

〈그림3〉 〈그림4〉

〈그림5〉

1) 상대를 들어올리면서 자신의 오른다리를 상대의 사타구니 안쪽으로 이동시킨다. 이때 중심은 오른다리에 둔다.〈그림2〉
2) 중심을 오른다리에서 왼다리로 이동시키면서 오른다리는 상대의 왼무릎 바깥쪽에 갖다 붙인다.〈그림3〉
3) 중심을 오른쪽으로 돌리면서 상대를 넘어뜨린다.〈그림4~5〉

허리 기술

상대를 자기 앞으로 끌어당겨 들어올리고 좌우로 돌리거나, 허리를 이용하여 상대를 뒤쪽이나 옆으로 넘어뜨리는 기술로 여기에는 다음과 같은 19가지의 종류가 있다.

- 들배지기
- 배지기
- 돌림배지기
- 오른배지기
- 엉덩배지기
- 맞배지기
- 들어놓기
- 돌려뿌려치기
- 공중던지기
- 허리꺾기
- 밀어치기
- 차돌리기
- 잡채기
- 어깨걸어치기
- 자반뒤집기
- 정면뒤집기
- 옆채기
- 삳들어치기
- 어깨넘어던지기

들배지기

씨름에서 가장 대표적인 기술이다. 두 손으로 상대의 허리샅바와 다리샅
바를 힘껏 자신의 몸 쪽으로 잡아당기고 무릎은 약간 구부리며, 왼무릎과
오른무릎 사이를 앞뒤로 붙여서 상대를 자기 무릎 위까지 높이 들어올려 허
리를 강하게 튕겨 넘기는 기술이다.

〈그림1〉　　　　　　　〈그림2〉

〈그림3〉　　　　　　〈그림4〉

〈그림5〉

1) 중심은 두 다리 가운데 두고 상대의 다리샅바와 허리샅바를 강하게 앞으로 당긴다. 이때 다리샅
　바를 더 강하게 당겨 들어올린다.〈그림2〉
2) 상대의 다리샅바와 허리샅바를 강하게 붙인 상태에서 자신의 허리를 이용하여 상대를 들어올린
　다.〈그림3〉
3) 들어올린 상대를 오른쪽으로 돌리거나 허리를 이용하여 오른쪽으로 튕긴다.〈그림4〉 이때 상대의
　다리샅바는 강하게 잡아당겨 올려야 한다.
4) 중심을 잡으면서 상대를 오른쪽으로 넘긴다.〈그림5〉

배지기

상대를 들어올릴 때나 또는 두 다리가 많이 벌어져 있다고 판단될 때 자신의 왼발을 상대의 오른발 약간 안쪽에 놓고 다리샅바는 위쪽 방향으로 들어올리고 허리샅바는 오른쪽으로 당기면서 자신의 허리는 시계 방향으로 빠르게 회전시켜 넘기는 기술이다.

〈그림1〉   〈그림2〉

〈그림3〉   〈그림4〉

〈그림5〉

1) 중심을 오른다리에 두고 왼다리를 상대의 오른다리 안쪽으로 이동시키면서 상대의 중심을 오른쪽으로 밀어붙인다. 〈그림3〉
2) 상대의 상체는 오른쪽으로 밀고 다리샅바를 강하게 들어올리면서 엉덩이를 다리 가운데로 넣는다. 〈그림4〉
3) 상대의 상체를 오른쪽으로 돌리고 허리샅바를 강하게 잡아당겨서 넘긴다. 〈그림5〉

돌림배지기

바른 자세에서 팔과 허리, 중심을 이용하여 점차적으로 상대를 오른쪽 위로 들어 올리면서 회전 동작을 하여 상대를 '배지기' 형태로 넘어뜨리는 기술이다.

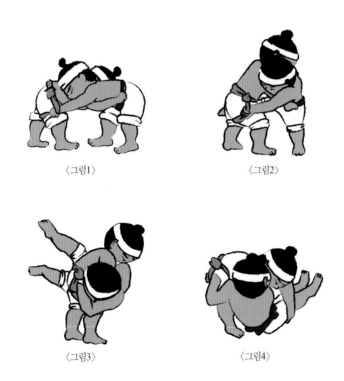

〈그림1〉　　　　　　　　　〈그림2〉

〈그림3〉　　　　　　　　　〈그림4〉

1) 왼다리를 오른쪽으로 이동하면서 허리샅바와 다리샅바를 당기고 상대를 오른쪽으로 회전시킨다. 〈그림2〉
2) 허리샅바를 강하게 당기고 허리를 펴면서 상대를 들어올린다. 〈그림3〉
3) 오른다리를 뒤로 빼면서 상대의 상체를 제압하여 넘어뜨린다. 〈그림4〉

오른배지기

　상대를 들었을 때 중심이 왼쪽으로 많이 있다고 판단되면 왼다리를 들어서 '배지기'의 반대 방향인 왼쪽으로 넘기는 기술이다.

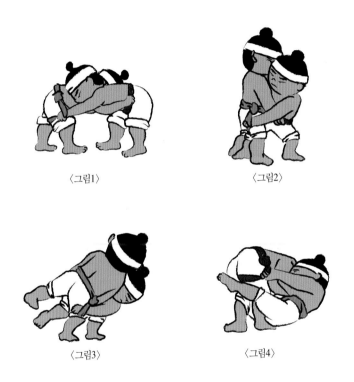

〈그림1〉　　　　　　　〈그림2〉

〈그림3〉　　　　　　　〈그림4〉

1) 상대를 자기 몸 쪽으로 당기면서 허리를 이용해 들어올린다.〈그림2〉
2) 중심을 왼발에 두고 상체를 시계 반대 방향으로 꺾으면서 오른다리를 들어 중심을 이동시킨다.
　　〈그림3〉
3) 상대의 다리샅바를 강하게 잡아당기면서 왼쪽으로 넘긴다.〈그림4〉

엉덩배지기

바른 자세에서 상대가 밀 때 그 힘을 이용하여 자신의 왼쪽 엉덩이를 상대의 왼다리와 오른다리 사이로 들이밀고 왼손으로 상대의 다리샅바를 당겨 위로 올리고 허리샅바를 잡은 오른팔을 앞으로 당겨 오른쪽으로 돌며 넘어뜨리는 기술이다.

〈그림1〉　　　　　　　〈그림2〉

〈그림3〉　　　　　〈그림4〉

〈그림5〉

1) 상대가 상체를 밀고 나오는 순간 오른쪽으로 몸을 크게 회전시켜서 자신의 왼다리를 상대의 다리 안쪽으로 크게 이동시키면서 엉덩이를 다리 사이에 깊숙이 돌려 넣는다.〈그림2〉
2) 굽힌 무릎을 펴고 다리샅바는 위로 들어올리면서 당기고, 허리샅바는 몸 쪽으로 강하게 잡아당긴다.〈그림3〉
3) 상대의 상체를 꺾으면서 오른쪽으로 넘긴다.〈그림4~5〉

맞배지기

두 선수가 동시에 들려고 하거나, 상대가 들었다가 놓는 순간 자신도 맞받아 드는 기술이다. 경기가 시작되자마자 배지기 동작으로 공격한다. 이 기술은 서로가 샅바를 잡고 일어나자마자 무릎을 굽혀 맞대고, 상대를 들거나 또는 잡채기, 호미걸이, 빗장걸이, 배지기 등 다양한 기술을 구사할 수 있다. 상대에게 공격을 하기 위해서는 기본적으로 몸의 균형과 중심을 잘 잡고 무릎 사이가 너무 벌어지지 않도록 해야 하며 무릎 사이가 벌어지면 상대의 다양한 기술에 의해 역습을 당할 위험성이 높다.

〈그림1〉　　　　　　　　　〈그림2〉

상대를 자기 몸 쪽으로 붙이고, 다리샅바와 허리샅바는 강하게 당기면서 오른다리를 상대의 다리 안쪽으로 이동시킨다.〈그림2〉

들어놓기

상대를 무릎 위나 가슴 부근까지 들어올렸을 때 중심이 뒤쪽으로 많이 있다고 판단되면 엉덩방아를 찧게 하고 자신의 상체를 이용해 넘어뜨리는 기술이다.

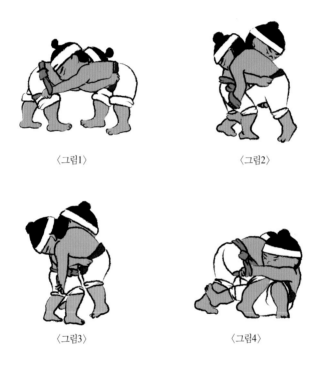

〈그림1〉　　　　　　　　〈그림2〉

〈그림3〉　　　　　　　　〈그림4〉

1) 상대를 '들배지기'와 같이 들어올린다. 〈그림2〉
2) 상대의 중심이 뒤에 있다고 판단되면 허리샅바와 다리샅바를 강하게 잡아당긴다. 〈그림3〉
3) 상체를 이용하여 상대를 뒤로 꺾으면서 넘긴다. 〈그림4〉

돌려뿌려치기

바른 자세에서 다리중심을 이동하여 순간적으로 상대를 오른쪽 위로 들어 올리면서 회전 동작을 하여 넘어뜨리는 기술이다.

〈그림1〉　　　　　　　　　　〈그림2〉

〈그림3〉　　　　　　　　　　〈그림4〉

1) 왼다리를 오른쪽으로 이동하면서 상대의 허리샅바를 당긴다.〈그림2〉
2) 허리샅바를 강하게 당기고 허리를 펴면서 상대를 오른쪽으로 회전시킨다.〈그림3〉
3) 오른다리를 뒤로 빼면서 상대의 상체를 제압하여 뿌리치면서 넘어뜨린다.〈그림4〉

공중던지기

상대를 들어 던지는 기술로서, 상대가 자신보다 약하거나 가볍게 움직일 때 사용한다.

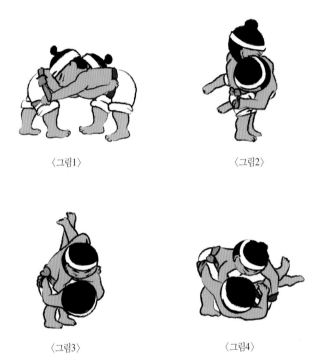

〈그림1〉 〈그림2〉

〈그림3〉 〈그림4〉

1) 상체의 힘을 필요로 하는 기술로 다리샅바 고리와 허리샅바를 잡은 손과 팔을 크게 왼쪽 위로 올린다.〈그림2〉
2) 상대의 두 다리를 던진다는 기분으로 공중에 띄운다.〈그림3〉
3) 상대가 어깨를 맞잡고 있을 때, 뒤쪽 무릎을 굽히고 앞으로 약간 내밀면서 상대를 비켜 앞쪽 위로 당긴다. 이때 상대는 원위치로 되돌아가고자 뒤로 중심을 옮긴다. 이 순간에 공중던지기를 한다.〈그림4〉

허리꺾기

상대를 들려고 할 때 상대의 중심이 뒤에 있거나 낮추면 공격하는 기술로서, 허리샅바와 다리샅바를 동시에 당기면서 상체를 뒤로 꺾으면서 넘긴다.

〈그림1〉 〈그림2〉

〈그림3〉 〈그림4〉

〈그림5〉

1) 오른발을 앞으로 이동하면서 허리샅바와 다리샅바를 당겨 붙인다.〈그림2〉
2) 어깨를 이용하여 상대의 상체를 꺾으면서 뒤로 밀어붙인다.〈그림3〉
3) 오른발을 앞으로 이동시키고 머리를 상대의 겨드랑이에 붙이면서 넘어뜨린다.〈그림4~5〉

밀어치기

상대의 왼다리가 앞으로 들어왔거나 중심이 뒤에 있을 때 또는 상대가 체력이 없다고 판단될 때 공격하는 기술로서 기습적인 공격이라 할 수 있다. 허리샅바와 다리샅바를 당기면서 최대한 밀어붙인다.

〈그림1〉　　　　　　　〈그림2〉

〈그림3〉　　　　　　　〈그림4〉

1) 오른발을 앞으로 빠르게 이동하고 오른어깨를 강하게 밀면서 허리샅바와 다리샅바를 당겨 붙인다.〈그림2〉
2) 어깨와 양 샅바를 당기면서 상대의 상체를 꺾어 뒤로 밀어붙인다.〈그림3〉
3) 오른발을 앞으로 이동시키고 머리를 상대의 겨드랑이에 붙여 뒤로 넘어뜨린다.〈그림4〉

차돌리기

상대방이 밀거나 중심이 왼쪽으로 치우쳐 있을 때 자신의 중심을 이동시키면서 상대의 왼쪽 무릎 관절과 발목 사이를 차면서 넘기는 기술이다.

〈그림1〉　　　　　　　　〈그림2〉

〈그림3〉　　　　　　　　〈그림4〉

1) 상대의 허리샅바를 강하게 당기고 자신의 오른다리를 상대의 왼다리 발목 옆으로 이동시킨다. 〈그림2〉
2) 상대의 다리샅바를 강하게 들어올리면서 당기고 허리샅바는 앞으로 당기면서 중심을 오른쪽으로 이동시킨다. 〈그림3〉
3) 자신의 상체를 일으켜 오른쪽으로 신속하게 회전하면서 상대의 뒷발목 및 다리를 옆으로 힘차게 후려 차며 오른쪽으로 돌려 넘어뜨린다. 〈그림4〉

잡채기

상대방을 들려고 이동하는 순간 상대가 오른다리만 자신의 다리 안쪽으로 들이밀 때 공격하는 기술로서, 상대의 전신을 완전히 제압하여 넘긴다.

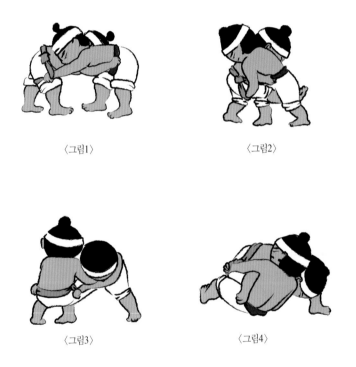

〈그림1〉 〈그림2〉

〈그림3〉 〈그림4〉

1) 상대가 오른다리를 내밀면서 자세를 낮출 때 자신의 중심은 오른쪽 발에 두고 상대의 다리샅바를 강하게 잡아당긴다.〈그림2〉
2) 상대의 다리샅바를 자신의 몸 가까이로 잡아당겨 밀착시키고 들어 놓으면서 왼쪽으로 상체를 꺾는다.〈그림3〉
3) 다리샅바를 잡아당기면서 시계 반대 방향으로 틀어 꺾어서 넘어뜨린다.〈그림4〉

어깨걸어치기

상대가 허리샅바를 놓고 장기전을 하려고 할 때 다리샅바를 놓으면서 넘기는 기술이다.

〈그림1〉 〈그림2〉 〈그림3〉

〈그림4〉 〈그림5〉 〈그림6〉

1) 상대가 허리샅바를 놓을 때 자신의 오른다리를 뒤로 이동시키고 왼다리는 상대의 다리 안쪽으로 이동시킨다.〈그림2~3〉
2) 엉덩이를 상대의 다리 가운데로 넣고, 잡고 있던 허리샅바를 놓고 상대의 오른쪽 겨드랑이에 손을 위로 한다.〈그림4〉
3) 무릎을 펴면서 엉덩이를 들고 오른쪽으로 회전하고 허리샅바는 강하게 당긴다.〈그림5〉
4) 상대를 시계 방향으로 돌리면서 넘긴다.〈그림6〉

자반뒤집기

가장 구사하기 힘들지만 동시에 가장 화려한 기술이다. '씨름 기술의 꽃' 가운데 하나인 자반뒤집기는 장기전 형태에서 공격자가 상대의 복부 밑으로 들어가서 뒤로 뒤집으며 젖혀 넘어뜨리는 기술이다.

통칭하여 '뒤집기'라고 하는데, 상에 올릴 자반(소금에 절인 생선)을 이리 저리 뒤집으며 굽듯이 서로 엎치락뒤치락하는 상태에서 상대를 뒤로 젖혀 이기는 것이다. 이 자반뒤집기는 정교하고 멋있는 기술로서 허리가 유연하 고 동작이 빠른 선수에게 적당하며 많은 기술 습득이 필요하다.

〈그림1〉

〈그림2〉

〈그림3〉

〈그림4〉

1) 상대가 허리샅바를 놓으면 빨리 상대의 복부 밑으로 들어간다.〈그림2〉
2) 중심을 낮추고 상대의 누르는 힘을 이용하여 자신의 머리를 들면서 앉는다.〈그림3〉
3) 뒤로 드러눕듯이 하면서 상대를 뒤로 넘긴다.〈그림4〉

정면뒤집기

씨름의 기술 중 자반뒤집기와 같이 '씨름 기술의 꽃'이라고 한다. 기술을 사용하기가 어려우며 장기전 형태에서 공격자가 상대의 복부 밑으로 들어가서 정면으로 뒤로 뒤집으며 젖혀 넘어뜨리는 기술이다. 정면뒤집기는 정교하게 사용해야 하며 허리가 유연하고 강하며 동작이 민첩해야 한다.

〈그림1〉　　　　〈그림2〉

〈그림3〉　　　〈그림4〉

〈그림5〉

1) 상대가 허리샅바를 놓으면 빨리 상대의 복부 밑 사타구니 안쪽으로 머리를 들이민다.〈그림2〉
2) 중심을 낮추고 앉으면서 상대의 누르는 힘을 이용하여 자신의 머리를 든다.〈그림3〉
3) 앉은 상태에서 뒤로 드러눕듯이 하면서 상대를 뒤로 넘긴다.〈그림4~5〉

손 기술의 응용

앞으로 당기거나 밀면서 손으로 넘어뜨리는 기술이다. 두 가지 이상의 기술을 적용하여 실전에서 사용할 수 있도록 엮어 보았다.

- 앞무릎치기→오금당기기
- 앞다리들기→들안아놓기
- 앞무릎치기→앞무릎뒤집기
- 등채기→꼭뒤집기

앞무릎치기→오금당기기

상대의 중심이 앞으로 쏠리거나 중심이동을 하면서 앞으로 밀어올 때, 자신이 먼저 앞무릎치기 공격을 하다가 상대가 안 넘어갈 때 또는 중심이 오른쪽 다리에 있을 경우, 상대의 오른쪽 무릎 관절 뒤쪽을 강하게 잡아당기면서 공격하는 기술로서 기습적인 공격이다.

〈그림1〉 〈그림2〉 〈그림3〉

〈그림4〉

〈그림5〉   〈그림6〉   〈그림7〉

1) 오른손을 앞으로 나온 상대의 무릎 관절에 댄다.〈그림2〉
2) 이때 어깨를 빼면서 오른손은 상대의 오른쪽 무릎을 힘차게 치며, 왼손과 같은 방향으로 밀어
   올리도록 하고 머리는 상대방 겨드랑이 옆에서 힘차게 오른 방향으로 밀어친다.〈그림3〉
3) 상대를 오른쪽으로 넘기려 하다가 넘어가지 않으면 원위치로 돌아온다.〈그림4〉
4) 오른손으로 상대방의 오른쪽 무릎 관절 뒷부분을 잡는다.〈그림5〉
5) 상대의 다리살바를 잡은 왼손을 재빠르게 자신의 사타구니 안쪽으로 잡아당긴다.〈그림6~7〉

앞무릎치기→앞무릎뒤집기

　두 선수가 서로 어깨를 맞댔을 때 상대의 중심이 앞으로 쏠리면 오른다리
를 뒤로 이동시키면서 오른손을 앞으로 나온 상대의 무릎에 대고 앞으로 넘
어뜨린다. 이때 상대가 넘어지지 않으면 신속하게 바른 자세를 하고 다시
서로 어깨를 맞댄다.〈그림2~4〉

　앞무릎치기 기술이 실패하면 앞의 오른발을 앞에 나와 있는 상대의 오른
발 앞으로 들이밀면서 오른손으로 상대의 무릎을 아래에서 위로 올리면서
중심을 오른쪽으로 이동시키고, 다리살바 고리를 틀면서 위로 당겨 올린다.
상대 오른다리의 중심을 잃게 하여 상체가 넘어지게 한다.〈그림5~9〉

〈그림1〉   〈그림2〉

〈그림3〉　　　　　　　　　〈그림4〉

〈그림5〉　　　　〈그림6〉　　　　〈그림7〉

〈그림8〉　　　　　〈그림9〉

앞다리들기→들안아놓기

상대의 몸 중심이 뒤로 처져 있을 때, 자신의 오른다리를 굽혀 앞으로 나가면서 상대 사타구니에 오른손을 넣어 상대를 들고 어깨 너머로 앞다리를 든다. 이때 상대가 바닥에 발을 내딛으며 넘어지지 않으려고 하면 두 손으로 상대의 허리를 잡아 오른쪽으로 이동시키면서 들어서 바닥에 내리친다.

주의 이 기술의 응용은 앞다리들기로, 상대를 들어서 바닥에 놓을 때 상대가 넘어지지 않으면 신속하게 왼발을 앞으로 내딛고, 다시 오른발을 앞으로 한 보 내딛으며 오른쪽으로 돌면서 들안아놓기를 한다.

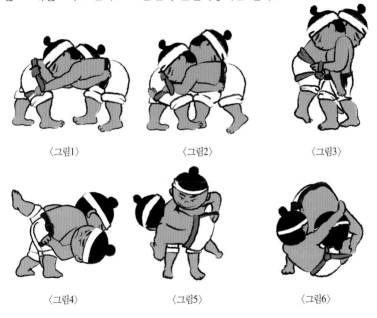

〈그림1〉   〈그림2〉   〈그림3〉

〈그림4〉   〈그림5〉   〈그림6〉

1) 상대의 허리샅바를 놓으면서 중심을 낮추고 상대의 오른다리 사타구니 안쪽으로 오른손을 넣는다.〈그림2〉
2) 상대의 다리샅바를 강하게 잡아당기고 허리를 펴면서 상대를 들어올린다.〈그림3〉
3) 상대를 시계 방향으로 틀면서 이동시키고 자신의 오른다리 중심도 회전시킨다.〈그림4〉
4) 자신의 목은 상대의 겨드랑이에 붙이고 오른쪽으로 꺾는다.〈그림5〉
5) 상대를 끌어안고 자신의 허리를 이용하여 한 번 더 튕기면서 중심을 오른쪽으로 이동시키고 오른다리는 뒤로 빼면서 상대를 넘긴다.〈그림6〉

　허리샅바를 잡고 있는 오른손을 상대의 어깨 너머로 돌려 허리띠를 잡고 힘껏 잡아당겨 등채기 기술을 시도하다가 상대가 넘어가지 않으면, 오른손으로 상대의 목덜미를 누르고 다리샅바 고리를 잡은 왼손을 이용하여 위로 들면서 오른쪽으로 돌며 넘어뜨리는 기술이다. 등채기 기술에서 신속하게 꼭뒤집기를 연결하여 승부를 내는 것이다.〈그림1~6〉

〈그림1〉　　　　　〈그림2〉

〈그림3〉

〈그림4〉　　　　　〈그림5〉

〈그림6〉

다리 기술의 응용

상대를 발이나 다리로 걸고 앞으로 당기거나 뒤로 밀어, 혹은 옆으로 틀거나 돌려서 후리쳐 넘어뜨리는 기술을 실전에서 사용할 수 있도록 다리 기술끼리 엮어 놓았다.

- 밭다리걸기→밭다리후리기
- 밭다리후리기→안다리걸기
- 호미걸이→안다리걸기
- 오금걸이→호미걸이
- 낚시걸이→빗장걸이
- 앞다리차기→모듬앞무릎차기
- 빗장걸이→호미걸이
- 낚시걸이→밭다리걸기

밭다리걸기→밭다리후리기

상대가 오른다리에 중심이 많이 쏠려 있다고 판단될 때, 자신의 오른다리를 이용해 상대 오른다리 바깥쪽을 걸어 공격하다가 실패하면 다시 왼다리를 이용해 상대의 오른다리를 후리면서 감아 올려 넘기는 기술이다.

〈그림1〉　　　〈그림2〉　　　〈그림3〉

〈그림4〉　　　　　〈그림5〉

〈그림6〉　　　　　〈그림7〉

〈그림8〉

1) 상대를 자기 몸 쪽으로 당겨 붙이면서 왼발을 한 보 앞으로 내어 중심을 이동시키면서 오른다리
  를 상대의 오른다리 바깥쪽에 강하게 걸어서 붙인다.〈그림2~3〉
2) 상대의 상체를 강하게 시계 반대 방향으로 꺾고 넘기려고 하다가 실패하면 다시 원위치로 돌아
  온다.〈그림4~5〉
3) 상대를 자기 몸 쪽으로 붙이고 자신의 왼발을 한 보 앞으로 내어 중심을 이동시키면서 오른다리
  를 상대의 오른다리 바깥쪽에 강하게 걸어서 후린다.〈그림6~7〉
4) 상대의 상체를 강하게 시계 반대 방향으로 꺾고 자신의 오른다리는 후리면서 감아 올려 넘어뜨
  린다.〈그림8〉

밭다리후리기→안다리걸기

　상대의 오른다리가 자신의 왼발 앞으로 접근하거나 돌리고 할 때 밭다리 걸기 공격을 하다가 실패하면, 신속하게 오른발을 뒤쪽으로 뺐었다가 다시 오른다리를 상대의 왼다리 안쪽으로 붙이면서 걸어 젖혀 안다리걸기로 상대를 넘어뜨리는 기술이다.　안다리걸기는 씨름경기에서 가장 많이 사용되는 다리 기술로 공격자는 항상 몸의 균형과 중심을 잘 유지해야 한다.

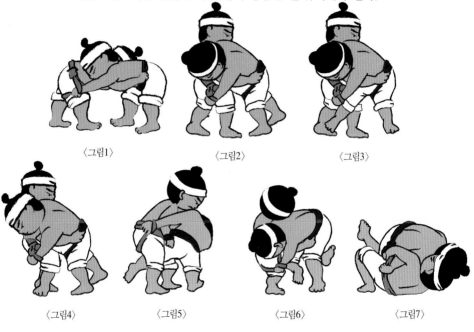

〈그림1〉　　　　　　　〈그림2〉　　　　　　〈그림3〉

〈그림4〉　　　　〈그림5〉　　　　〈그림6〉　　　　　〈그림7〉

1) 상대를 자기 몸 쪽으로 붙이고 왼발을 한 보 앞으로 내어 중심을 이동시키면서 오른다리를 상대의 오른다리 바깥쪽에 강하게 걸어서 후린다.〈그림2~3〉
2) 상대의 상체를 강하게 시계 반대 방향으로 꺾고 넘기려고 하다가 실패하면 다시 원위치로 돌아온다.〈그림4〉
3) 다시 상대를 자기 몸 쪽으로 붙이면서 왼발을 상대의 오른발 앞으로 이동시키고 오른다리는 상대의 왼다리 안쪽에서 바깥쪽 무릎 뒤를 감는다.〈그림5~6〉
4) 상대의 허리샅바와 다리샅바를 강하게 몸 쪽으로 당기면서 상체는 밀고 상대의 왼다리가 뒤쪽으로 이동하지 못하도록 하고, 머리는 상대의 옆쪽에 대고 상체는 밀고, 걸고 있는 다리는 힘차게 앞으로 당기면서 넘긴다.〈그림7〉

호미걸이→안다리걸기

호미걸이는 맞배지기 상태에서 오른다리로 상대의 오른발 안쪽을 걸어 온 힘을 다하여 밀어젖히다가 상대가 넘어가지 않으면 신속하게 호미걸이를 했던 오른다리를 상대의 왼다리 안쪽으로 걸어 붙이면서 안다리걸기로 기술을 걸어 넘어뜨리는 기술로, 공격자는 항상 몸의 중심을 잘 유지하고 다리의 중심이동을 잘해야 한다.

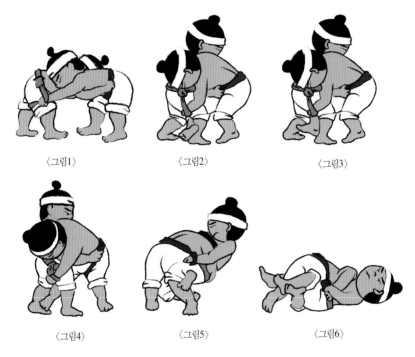

〈그림1〉　　　　　　〈그림2〉　　　　　　〈그림3〉

〈그림4〉　　　　　　〈그림5〉　　　　　　〈그림6〉

1) 중심은 왼발에 두고 오른발을 상대의 오른발 뒷부분으로 이동시킨다.〈그림2〉
2) 다리샅바와 걸린 발목은 앞으로 힘차게 당기고 중심을 낮추면서 머리는 상대의 겨드랑이에 붙이고 시계 반대 방향으로 꺾고 넘기려고 하다가 실패하면 다시 원위치로 돌아온다.〈그림3〉
3) 다시 상대를 자기 몸 쪽으로 붙이면서 자신의 오른발로 상대의 왼다리 안쪽에서 바깥쪽 무릎 뒤를 감는다.〈그림4〉
4) 상대의 허리샅바와 다리샅바를 강하게 몸 쪽으로 당기면서 상체는 밀고 상대의 왼다리가 뒤쪽으로 이동하지 못하게 하고, 머리는 상대의 옆쪽에 대고 상체는 밀고, 걸고 있는 다리는 힘차게 앞으로 당기면서 넘긴다.〈그림5~6〉

오금걸이→호미걸이

상대가 들려고 하거나 또는 맞배지기 상태에서 오른발이 앞으로 많이 나왔다고 판단될 때, 상대의 오른발목 뒷부분을 오른발꿈치로 걸어 넘기려 하다가 넘어가지 않으면 호미걸이로 상대를 넘기는 기술이다.

⟨그림1, 4⟩   ⟨그림2, 5⟩   ⟨그림3, 6⟩

⟨그림7⟩   ⟨그림8⟩

1) 중심은 왼발에 두고 오른발을 상대의 오른발 무릎 뒷부분으로 이동시키며 공격한다.⟨그림2~3⟩
2) 상대의 상체를 강하게 시계 반대 방향으로 꺾고 넘기려고 하다가 실패하면 다시 원위치로 돌아온다.⟨그림4⟩
3) 다시 오른다리를 상대의 발목 뒤쪽으로 이동시키고 다리샅바와 걸린 발목은 앞으로 힘차게 당기고 중심을 낮추면서 머리는 상대의 겨드랑이에 붙인다.⟨그림5~6⟩
4) 오른다리와 상대의 다리샅바를 강하게 잡아당기고 왼쪽으로 상대를 꺾어 넘긴다.⟨그림7~8⟩

낚시걸이→빗장걸이

이 기술을 시도할 때는 왼발을 굽혀 앞으로 전진하면서 상대의 뒤꿈치를 걸고, 허리샅바와 다리샅바를 잡은 두 손으로 힘껏 당겨 상대의 후퇴를 막으며 공격한다.

〈그림1〉 　　　　〈그림2〉 　　　　〈그림3〉

〈그림4〉 　　　〈그림5〉 　　　〈그림6〉 　　　〈그림7〉

1) 두 선수가 서로 힘차게 샅바를 당겨 상체가 닿은 엉거주춤한 상태에서 오른다리를 바깥쪽으로 걸어서 낚아 젖힌다. 〈그림2~3〉
2) 상대의 상체를 꺾어 옆으로 넘기려고 하다가 실패하면 다시 원위치로 돌아온다. 〈그림4〉
3) 상대가 바른 자세로 되돌아오면 신속하게 오른쪽 뒤꿈치로 상대를 밀면서 빗장걸이로 뒤로 넘어 뜨린다. 〈그림5~7〉

앞다리차기→모둠앞무릎치기

주의 앞다리차기를 할 때는 발바닥으로만 공격해야 하며, 발 안쪽이나 발등 및 발목으로 상대를 공격하면 반칙으로 경고를 받는다. 자신의 어깨로 상대의 어깨나 상체를 뒤로 약간 밀어 올리듯 하고, 이때 발생하는 힘의 반동을 이용하여 상대의 중심이 앞으로 치우치는 순간 어깨를 빼면서 오른손으로 상대 앞무릎과 오른다리를 힘껏 차고 젖힘과 동시에 오른발바닥으로 상대의 발목 안쪽을 공격한다.

〈그림1〉   〈그림2〉   〈그림3〉

〈그림4〉   〈그림5〉   〈그림6〉

1) 이 기술은 손 기술과 병행을 해서 넘기는 기술로서 앞으로 나와 있는 상대의 오른발목을 오른발 발바닥으로 찬다.〈그림2〉
2) 상대가 오른쪽으로 넘어가지 않고 실패하면 다시 원위치로 돌아온다.〈그림3〉
3) 다시 상대의 오른다리를 손과 발로 동시에 공격하여 이중 복합 기술인 모둠앞무릎치기를 하여 넘긴다.〈그림4~6〉

빗장걸이→호미걸기

상대를 위로 들어올리지 않고 그대로 서 있는 자세에서 오른발 뒤꿈치로
상대의 뒤꿈치를 걸고 허리샅바와 다리샅바를 잡은 두 손으로 힘껏 당겨 상
대를 넘기려 하다가 실패하면 다시 오른다리를 신속하게 상대의 오른다리
오금 안쪽으로 걸어 온 힘을 다하여 밀어 젖혀 넘어뜨리는 기술이다.

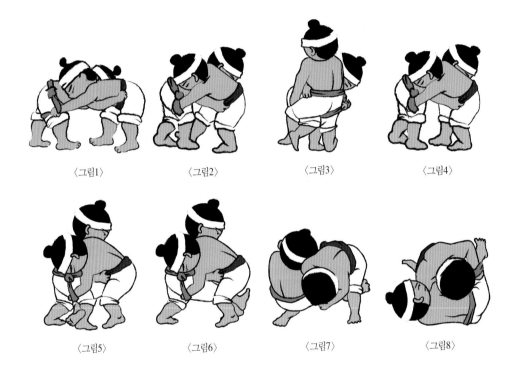

〈그림1〉 〈그림2〉 〈그림3〉 〈그림4〉

〈그림5〉 〈그림6〉 〈그림7〉 〈그림8〉

1) 오른다리를 상대의 왼쪽 뒤꿈치로 밀면서 이동시켜 공격을 한다.〈그림2~3〉
2) 상대가 뒤로 넘어가지 않고 실패하면 다시 원위치로 돌아온다.〈그림3〉
3) 오른다리를 다시 상대의 오른발목 뒤쪽으로 이동시키고 상대의 다리샅바와 걸린 발목은 앞으로
   힘차게 당기고 중심을 낮추면서 머리는 상대의 겨드랑이에 붙인다.〈그림5~6〉
4) 오른다리와 다리샅바를 힘차게 잡아당기면서 상대를 왼쪽으로 꺾어 넘긴다.〈그림7~8〉

낚시걸이→밭다리걸기

두 선수의 무릎이 굽혀진 상태에서 오른무릎이 맞닿았을 때 상대의 옆무릎을 붙여 왼쪽으로 틀면서 낚시걸이 공격을 하다가 실패하면 신속하게 상대의 오른다리 바깥을 감아 중심이 뒤로 기울어지도록 하고 넘어뜨리는 기술이다. 밭다리걸기에는 많은 기술의 변형이 있고, 또한 상대를 여러 방향으로 넘어뜨릴 수 있다.

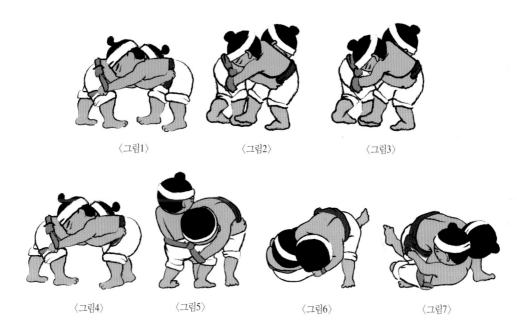

〈그림1〉　　　〈그림2〉　　　〈그림3〉

〈그림4〉　　〈그림5〉　　　〈그림6〉　　　〈그림7〉

1) 오른다리를 상대의 오른다리 발목 바깥쪽에 걸어서 공격한다.〈그림2~3〉
2) 상대가 옆으로 넘어가지 않고 실패하면 다시 원위치로 돌아온다.〈그림4〉
3) 상대를 자기 몸 쪽으로 붙이고 왼발을 한 보 앞으로 내어 중심을 이동시켜서 오른다리를 상대의 오른다리 바깥쪽에 강하게 건다.〈그림5~6〉
4) 상대의 상체를 강하게 시계 반대 방향으로 꺾고 자신의 오른다리는 후리면서 감아 올려 넘어뜨린다.〈그림7〉

허리 기술의 응용

상대를 자기 앞으로 끌어당기거나 위로 들어 좌우로 돌리든가 젖혀서 뒤나 옆으로 넘어뜨리는 기술을 실전에서 사용할 수 있도록 허리 기술끼리 엮어 놓았다.

- 배지기→잡채기
- 맞배지기→잡채기
- 돌림배지기→엉덩배지기
- 허리꺾기→밀어치기
- 잡채기→옆무릎치기
- 배지기→정면뒤집기

배지기→잡채기

상대를 앞으로 당겨 들어올려서 들배지기 기술을 시도하다가 상대가 방어 능력이 뛰어날 때 들고 있는 상태에서 상대의 다리샅바를 당겨서 허리를 꺾듯이 젖혀 넘기는 기술이다.

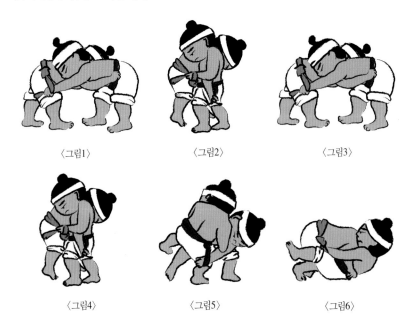

〈그림1〉　　　　〈그림2〉　　　　〈그림3〉

〈그림4〉　　　　〈그림5〉　　　　〈그림6〉

1)상대를 자기 몸 쪽으로 당기면서 허리를 이용해 들어올린다.〈그림2〉
2)상대가 넘어가지 않고 실패하면 다시 원위치로 돌아온다.〈그림3〉
3)상대방을 다시 자신의 몸 가까이에 오도록 잡아당겨 들어올리고 다리샅바는 자신의 가슴 쪽으로 당겨서 밀착시켜야 한다.〈그림4〉
4)허리샅바와 다리샅바를 자신의 몸 쪽으로 잡아당기면서 시계 반대 방향으로 틀어 꺾어 주고 상체는 다리의 중심이 이동하는 것만큼 오른쪽으로 틀고 상대방의 상체를 꺾어서 넘어뜨린다.〈그림5~6〉

맞배지기→잡채기

두 선수가 서로 들려고 기술을 사용한 상태에서 공격자가 신속하고 힘 있게 샅바를 당겨 상대의 허리를 꺾듯이 젖혀 넘어뜨리는 기술이다.

주의 맞배지기 상태에서 잡채기 기술은 무엇보다도 순발력과 파워, 기회 포착이 잘 되었을 때 큰 효과를 거둘 수 있다.

〈그림1〉 〈그림2〉 〈그림3〉

〈그림4〉 〈그림5〉

1)상대의 허리샅바와 다리샅바를 자기 몸 쪽으로 당기면서 허리를 이용해 들어올린다.〈그림2〉
2)상대방을 다시 자신의 몸 가까이에 오도록 잡아당겨 가슴 쪽으로 당겨서 밀착시킨다.〈그림3~4〉
3)허리샅바와 다리샅바를 몸 쪽으로 잡아당기면서 시계 반대 방향으로 틀어 꺾어 주고 상체는 다리의 중심이 이동하는 것만큼 오른쪽으로 틀고 상대방의 상체를 꺾어서 넘어뜨린다.〈그림5〉

돌림배지기→엉덩배지기

바른 자세에서 팔과 허리를 이용하여 상대를 점차적으로 오른쪽 위로 들어올리면서 중심을 회전하여 상대를 공격하다가 실패하면 자신의 왼쪽 엉덩이를 상대의 왼다리와 오른다리 사이로 넣고 왼손으로 상대의 다리샅바를 당겨 위로 올리고 허리샅바를 잡은 오른팔을 앞으로 당겨 오른쪽으로 돌며 넘어뜨리는 기술이다.

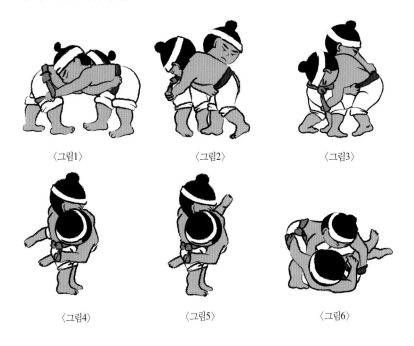

〈그림1〉   〈그림2〉   〈그림3〉

〈그림4〉   〈그림5〉   〈그림6〉

1) 왼다리를 오른쪽으로 이동하면서 허리샅바와 다리샅바를 당기고 상대를 오른쪽으로 회전시킨다. 〈그림2〉
2) 허리샅바를 강하게 당기고 허리를 펴면서 상대를 돌림배지기로 공격한다. 〈그림3〉
3) 상대가 넘어가지 않고 실패하면 다시 원위치로 돌아온다. 〈그림4〉
4) 상대가 상체를 밀고 나오는 순간 오른쪽으로 몸을 크게 회전시켜서 자신의 왼다리를 상대의 다리 안쪽으로 크게 이동시키면서 엉덩이를 다리 사이에 깊숙이 돌려 넣는다. 〈그림5〉
5) 굽힌 무릎을 펴고 다리샅바는 위로 들어올리면서 당기고, 허리샅바는 몸 쪽으로 강하게 잡아당기고 상대의 상체를 꺾으면서 오른쪽으로 넘긴다. 〈그림6〉

허리꺾기→밀어치기

상대의 허리샅바를 잡고, 동시에 다리샅바 고리를 잡은 쪽의 손목을 안쪽으로 굽히며 허리를 꺾어 밀면서 허리꺾기를 하다가 공격이 실패하면 뒤쪽으로 중심이 기울어졌을 때 샅바를 당기면서 최대의 힘으로 상대를 밀어붙여 넘어뜨리는 기술이다.

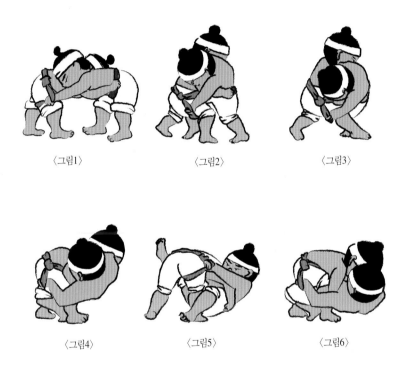

〈그림1〉　　　　　　〈그림2〉　　　　　　〈그림3〉

〈그림4〉　　　　　　〈그림5〉　　　　　　〈그림6〉

1) 오른발을 앞으로 빠르게 이동하고 오른어깨를 강하게 밀면서 허리샅바와 다리샅바를 당겨 붙인다.〈그림2〉
2) 어깨와 양 샅바를 당기면서 상대의 상체를 꺾어 뒤로 밀어붙인다.〈그림3~4〉
3) 오른발을 앞으로 이동시키고 머리를 겨드랑이에 붙인 뒤 상대를 뒤나 옆으로 넘어뜨린다.〈그림5 ~6〉

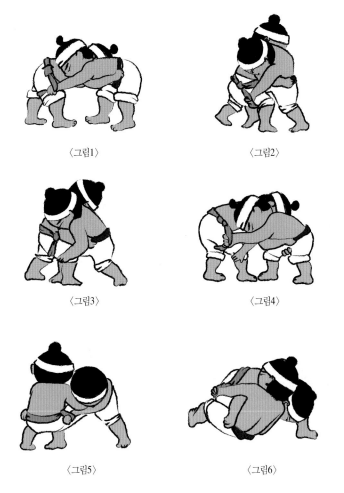

〈그림1〉 〈그림2〉

〈그림3〉 〈그림4〉

〈그림5〉 〈그림6〉

1) 상대의 다리샅바를 힘 있게 당겨서 자신의 오른어깨를 상대의 가슴으로 향해 밀어붙인다.〈그림
2〉
2) 동시에 상대의 허리를 꺾듯이 젖힌다.〈그림3〉
3) 잡채기 공격을 시도하다 실패하면 재빨리 허리샅바를 잡은 오른손을 놓고 왼쪽으로 돌면서 상대
의 왼다리를 옆으로 이동시킨다.〈그림4〉
4) 상대를 시계 반대 방향으로 넘어뜨린다.〈그림5~6〉

배지기→정면뒤집기

상대의 다리샅바 고리를 잡은 왼손과 허리샅바를 잡은 오른손을 꽉 쥐고, 앞쪽 위로 당겨 올려 배지기를 시도하다가 실패하고 또한 상대가 허리샅바를 잡은 손을 놓으면, 재빨리 사타구니 사이로 머리를 들이밀고 중심을 잃게 하여 몸 뒤쪽으로 넘어뜨리는 기술이다.

〈그림1〉　　　　　〈그림2〉　　　　　〈그림3〉

〈그림4〉　　　　　〈그림5〉　　　　　〈그림6〉

1) 상대의 허리샅바와 다리샅바를 자기 몸 쪽으로 당기면서 허리를 이용해 들어올린다.〈그림2〉
2) 상대가 허리샅바를 잡은 손을 놓으면 빨리 뒤로 빠져 머리를 상대 가슴으로 들이민다.〈그림3〉
3) 중심을 낮추고 앉으면서 상대의 누르는 힘을 이용하여 머리를 든다.〈그림4~5〉
4) 앉은 상태에서 뒤로 드러눕듯이 하여 상대를 뒤로 넘긴다.〈그림6〉

장사열전

해방 이전

예로부터 전통적인 씨름 고장으로는 경상도와 황해도, 함경도 등 3도(道)가 꼽혔다. 역대 장사는 대개 이 3도 출신이었다.

1927년 조선씨름협회가 창립, 주최한 전조선씨름대회를 비롯하여 전조선씨름선수권대회(현재의 전국선수권대회)의 초창기부터 해방 이전까지 공식 씨름판의 우승은 황해도와 함경도 출신이 휩쓸었다. 전국선수권대회의 우승은 1956년까지 북한 지역 출신이 모조리 차지했고, 그 이후 경상도로 주도권이 넘어갔다. 남북이 분단된 이후 북한 출신 씨름꾼들이 시나브로 현역에서 물러나면서 판도가 뒤바뀌게 된 것이다.

조선씨름협회가 발족한 이후, 그해 9월에 열린 제1회 전조선씨름대회의 개인전 우승자는 함흥 출신의 이도남(李道南)이었고 1930년 제2회 대회의 우승자는 함주의 김윤근(金潤根)이었다. 전조선씨름대회는 1947년 7회 대회로 막을 내렸다.

1936년에 시작된 전조선씨름선수권대회는 현재 명맥을 잇고 있는 씨름대회(전국선수권대회) 가운데 가장 긴 역사를 자랑한다. 조선일보사 강당에서 열린 이 대회의 제1회 우승자는 함흥 출신의 현명호(玄明浩)였다. 그뒤 1937년 제2회 대회부터 1939년 제4회 대회까지 황주 출신인 송병규(宋炳奎)가 3연패하였고 1940년 제5회 대회 때는 허승화(許承和), 1941년 제6회 대회 때는 함흥의 최장호(崔長鎬)가 우승을 차지했다.

해방 이후~1960년대

조선씨름협회는 해방 이듬해인 1946년에 재건하여, 그해 3월 7일 대한체육회에 15번째 경기단체로 가맹했고 다음해에는 명칭도 대한씨름협회로 바꾸었다. 당시 회장은 제3대로 서상천(徐相天)이었다. 1936년 조직 혁신 후의 씨름협회 제1대 회장은 여운형(呂運亨, 재임 1936~38년), 제2대 회장은 이극로(李克魯, 재임 1939~40년)였다.

조선씨름협회는 전조선씨름대회를 전국씨름선수권대회로 개칭하고 1947년에 대회를 속행했다. 해방 이후 처음으로 치러진 제7회 전국선수권대회의 패권은 함흥 출신 박수룡(朴洙龍)에게 돌아갔다. 박수룡은 1948년 8회 대회에서도 우승하여 해방 직후 가장 유명한 씨름꾼으로 이름을 날렸다. 전국

전조선씨름대회를 알리는 동아일보 기사

선수권대회는 1949년 단천 출신 김동수(金東洙)가 제9회 대회에서 정상에 오른 이후 한국전쟁으로 중단되었다가 1954년에 재개되었다.

1950년대 중반의 최고 씨름꾼은 사리원 출신 박진호(朴鎭鎬)가 꼽힌다. 각종 씨름대회에서 모두 250여 차례의 우승 경력을 지닌 그는 1·4후퇴 때 부산으로 피난 가서 '압록강 동지회'를 구성하고, 마산에서 열린 씨름대회에서 우승한 것을 계기로 '압록강 장사'라는 별칭을 얻었다.

원래 레슬링으로 운동을 시작한 박진호는 키 190센티미터의 장신으로 해방 직후에 씨름으로 전향하였다. 그뒤 군 소재지 이상 전국을 순회하면서 지방의 강자들을 꺾어서 김천 출신 김기수(金基洙)와 더불어 이름을 드날렸다.

박진호는 1954년부터 3년 동안 제10, 11, 12회 전국선수권대회 중량급(53년부터 경·중량급으로 이원화됨) 3연패의 위업을 달성했다. 그를 끝으로 북한 출신 씨름꾼들의 위력이 퇴조했고 경상도 출신들이 씨름판에서 득세하기 시작하였는데 경주 출신의 김학룡이 그 선두주자로 나섰다.

1950년대 후반부터 1960년대 초까지 씨름판의 강자로 군림한 김학룡은 제13~16회 선수권대회(1960년 14회 대회는 개최 못함)를 3연패 하는 등 크고 작은 씨름판에서 70여 차례나 우승하였다.

1970년대

근대 씨름 역사를 돌이켜볼 때 큰 발자취를 남긴 씨름꾼 가운데 가장 돋보이는 존재는 마산 출신 김성률(金成律. 1947년생)이다. 1960년대 장사들의 군웅할거(群雄割據) 시대를 종식시킨 것이 바로 그였다.

현역 시절 키 182센티미터, 몸무게 130킬로그램의 큰 체구였던 김성률은 전국선수권대회 장사급에서 1969, 70년 연속 우승과 1972~4년 3연패 등 사상 최다인 5차례 우승 기록을 세웠고 체급 제한이 없었던 대통령기 대회에서는 1970년부터 77년까지 8연패를 달성했다. 김성률은 그밖에도 KBS배 대회 4연패(1972~5년) 및 회장기 대회에서 4차례 우승하는 등 빛나는 업적을 남겼다. 전국 무대에서 공식적으로 22차례 정상에 섰던 그가 선수 생활 중 차지한 황소만도 무려 130마리가 넘었고 각종 메달과 트로피가 70개를 헤아릴 정도였다.

무적의 아성을 구축했던 김성률도 세월의 무게를 이기지 못하고 1975년 10월 제29회 선수권대회에서 18살의 무명 홍현욱(洪顯旭. 1957년생, 당시 대구 영신고등학교 2년)에게 무릎을 꿇고 전성기의 막을 내렸다.

삼척 출신으로 샅바를 잡은 지 불과 2년 남짓 만에 첫 정상에 오른 홍현욱은 이준희(李俊熙)와 더불어 1970년대 중반부터 1982년까지 씨름판을 양분하며 화려한 선수 생활을 했다. 홍현욱은 1975, 77년 전국선수권대회 장사급(또는 통일장사부) 두 차례 우승을 비롯하여 대통령기 4번, 회장기 2번, KBS배 3번 등 전국대회에서 모두 11차례 우승 경력을 지녔다. 홍현욱은

고등학생으로 뛰어난 실력을 보인 박범조 1970년대에 이름을 날린 거인 씨름꾼이다.

홍현욱 우승 장면 이준희와 더불어 1970년대 중반부터 1982년까지 씨름판을 양분하며 화려한 선수 생활을 하였다.

그후 프로 무대에서는 단 한 차례도 천하장사에 오르지 못하는 불운을 겪었으나 백두급에서 5~7회 대회 3연패 등 모두 4차례 우승했다.

프로시대

3이(이만기, 이준희, 이봉걸)

1983년 '민속씨름'이라는 이름을 내걸고 출범한 프로 씨름은 초창기에 걸출한 씨름꾼 이만기(李萬基. 1963년생), 이준희(李俊熙. 1957년생), 이봉걸(李鳳杰. 1957년생) 등 이른바 '모래판의 3이(李)'를 앞세워 중흥을 이룩했다.

그해 4월 14일부터 17일까지 서울 장충체육관에서 열렸던 제1회 천하장사 겸 체급별 장사씨름대회는 구름 관중이 모인 가운데 당시만 해도 별로 이름이 알려지지 않았던 약관의 이만기(당시 182센티미터, 93킬로그램. 경남대학교 3년)가 결승에서 진주 경상대학교의 최욱진(崔旭珍)을 꺾고 천하장사로 탄생하여 모래판에 일대 회오리 바람을 일으켰다.

마산상업고등학교를 나와 경남대학교를 거쳐 현대에서 샅바를 풀었던 이만기는 체격에 비해 기술이 탁월한 씨름꾼이었다. 그의 호쾌한 들배지기와 잡채기 재간에 수많은 구경꾼들이 넋을 잃었다. 이만기는 '만기(萬技)의 만기', '모래판의 달인', '씨름 황제' 등의 칭송을 들으며 8년 동안의 현역 생활을 통해 천하장사 10번, 백두장사 18번, 한라장사 7번, 기타 대회 7번 등 모두 42개의 타이틀을 차지했다. 민속씨름 통산 전적은 345전 293승 52패(승률 85퍼센트)였고 3억 5,655만 원의 상금을 획득했다.

현재는 은퇴하여 인제대학교 교수로 강단에 서며 씨름팀 감독도 맡아 후배들을 육성하고 있다.

1970년대 중반부터 두각을 나타낸 이준희는 전국선수권대회에서 유일하게 4연패(1978~81년)의 위업을 쌓는 등 김성률과 더불어 개인 최다인 5차례 우승을 기록했다. 아마추어 무대에서 통산 9차례 우승(회장기 2번, KBS 배 한 번 포함)을 달성한 이준희는 프로 전향 이후 천하장사 3차례(5, 8, 13 회), 백두급 통산 7차례(1~4회 4연패 및 11, 12, 20회) 우승 등 큰 족적을 남기고 1987년 11월에 은퇴했다.

깨끗한 경기 태도로 현역 시절 '모래판의 신사'로 불렸던 그는 경북 의성 출신으로 188센티미터, 118킬로그램의 장신에 속한다. 그는 은퇴 후 민속 씨름 출신 프로 씨름단(LG증권) 1호 감독으로 명성을 이어갔다. 이준희의 민속씨름 통산 전적은 207전 157승 50패(승률 70퍼센트).

'늦깎이 씨름꾼'인 이봉걸은 205센티미터의 장신으로 타고난 체격 조건 에도 불구하고 농구와 씨름을 전전하며 곡절을 겪었으나 1986년 제10회 천

이만기와 이봉걸의 맞대결 장면 1980년대 프로 씨름판은 이만기, 이준희, 이봉걸을 세 축으로 이들이 서로 물고 물리는 각축전 속에 정상 다툼이 전개되었다고 해도 지나치지 않다.

'3이' 가운데 하나인 이준희 깨끗한 경기 태도로 현역 시절 '모래판의 신사'로 불렸던 이준희는 통산 3차례 천하장사에 올랐다.

하장사대회에서 우승하여, 뒤늦게 이만기와 이준희의 양강 체제로 돌아가던 프로 씨름판에 삼각 각축 대열을 형성했다.

'3이' 시대는 6년 동안이나 지속되었다. 1984년 3월 제3회 대회에서 장지영(張志泳)이 이들의 틈새를 비집고 단 한 차례 천하장사에 올랐을 뿐이고 1984년 6월 제4회 대회부터 1989년 3월 제16회 대회까지 13차례 열린 천하장사 쟁탈전은 이만기(8번), 이준희(3번), 이봉걸(2번)이 정상을 갈마들며 독점했다. 1980년대 프로 씨름판은 이만기, 이준희, 이봉걸을 세 축으로 이들이 서로 물고 물리는 각축전 속에 정상 다툼이 전개되었다고 해도 지나치지 않다.

개그맨 강호동

'3이' 체제가 해체된 이후 천하장사 쟁패전은 1989년 9월 제17회 우승자인 김칠규(金七圭. 당시 현대 소속)를 징검다리 삼아 '괴동(怪童)'으로 불리운 강호동(姜鎬童. 1971년생. 182센티미터, 125킬로그램. 경남 진영 태생)으로 무게 중심이 건너갔다.

마산상업고등학교를 졸업하고 1988년 말 조흥금고 유니폼을 입고 프로 씨름판에 뛰어들었던 강호동은 1989년에 일양약품으로 이적한 다음 1990년 3월에 열린 제18회 천하장사대회에서 만19세가 안 된 어린 나이에 사상 최연소로 타이틀을 차지하여 씨름계를 경악시켰다.

강호동은 이어 19, 20회 천하장사대회에서도 우승하여 모래판 천하를 평정했고, 23, 24회 대회 우승으로 모두 5차례나 천하장사 꽃가마를 탔다. 이는 이만기에 이은 역대 개인 통산 두 번째 천하장사 우승 기록이다. 백두급에서도 44, 47회에 이어 54~57회 대회에서 우승하여 통산 7차례 우승 기록을 남겼다. 백두급 4연패 기록은 강호동이 유일하다.

강호동 제18회 천하장사대회에서 만19세가 안 된 어린 나이에 사상 최연소로 타이틀을 차지하여 씨름계를 경악시켰다. 이어 19, 20회 천하장사대회에서도 우승하여 모래판 천하를 평정하는 등 이만기에 이어 역대 개인 통산 두 번째 천하장사 우승 기록을 지니고 있다.

강호동은 1992년 4월, 팀과 불화를 빚으며 잠적 소동을 벌인 끝에 1992년 5월에 4년 남짓한 프로 생활을 청산하고 스스로 씨름판을 떠났다. '짧고 굵은' 선수 생활을 자진해서 마감한 강호동은 그후 연예계로 진출하여 성공적인 변신을 했다.

불곰 황대웅

경상도 출신들이 판을 친 프로 씨름 바닥에서 황대웅은 특이한 존재였다. 이만기, 이준희, 김칠규, 강호동 등이 대를 이어 장악해 온 시름판에 황대웅은 호남 출신(전남 장성) 씨름꾼의 선두주자격이었다. 강호동의 독주를 무너뜨린 것이 바로 황대웅이었다.

황대웅(1967년생, 183센티미터, 135킬로그램)은 1991년 3월과 6월에 열린 제21, 22회 천하장사대회에서 우승했다. 상체가 튼실하고 기백 넘치는 씨름을 구사했던 황대웅은 프로 씨름판을 통틀어 유일하게 500전을 돌파한 씨름꾼이다.

경기 양곡종합고등학교 졸업을 눈앞에 둔 1987년 1월, 황대웅은 신정 씨름대회에서 당시 민속씨름판을 주름잡고 있던 이만기를 비롯하여 이준희, 이봉걸 등 강자들을 차례로 거꾸러뜨려 '프로를 능가하는 유망주'로 이름을 알린 뒤 곧바로 삼익가구에 입단, 프로 생활을 시작했다. 1998년 3월에 은퇴할 때까지 11년간 장수하며 모래판을 누볐던 그는 백두급에서도 6차례나 우승했다. 그의 통산 전적은 506전 329승 177패(승률 66퍼센트). 프로 씨름판에서 300승을 넘긴 것은 황대웅이 처음이다.

무게 씨름의 원조 김정필

1990년대에 접어들면서 체격이 육중하고 키가 큰 씨름선수들이 줄줄이 등장하면서 힘에 의존하는 씨름선수들이 득세하기 시작했다.

몸무게를 바탕으로 힘 씨름을 구사한 선수의 원조격이라면 김정필(金正泌, 1973년생)을 들 수 있다. 대구 영신고등학교를 졸업하고 1992년에 조흥

금고에 입단하여 프로 무대에 뛰어든 김정필은 당시 키 185센티미터, 몸무게 150킬로그램의 우람한 몸집을 자랑하면서 프로 무대를 휩쓸기 시작했는데, 1992년 9월과 1993년 3월에 열린 제26, 27회 천하장사대회를 연거푸 제패했다. 김정필과 상대하는 선수들은 무게에 짓눌리면서 그의 빗장걸이에 걸려 넘어지기 일쑤였다. 김정필은 통산 6번 백두장사에 올랐으나 '소년장사' 백승일의 출현으로 내리막길을 걸었다.

김정필의 뒤를 이어 부평고등학교를 나온 이장원(1977년생)이 1995년 말 한보 씨름단에 입단하여 '공룡 씨름꾼'으로 등장했다. 이장원은 184센티미터의 키에 몸무게가 무려 200킬로그램이 넘는 최중량 씨름꾼으로 등장하여 큰 관심을 모았으나 그리 두각을 나타내지 못하였다.(이하 현역 선수들의 기록은 2001년 말 현재 기준임)

소년장사 백승일

'모래판의 풍운아' 백승일(白勝一. 1976년생)은 남들보다 일찍 씨름판에 들어와 많은 풍상을 겪은 샅바잡이다. 순천상업고등학교를 중퇴하고 1992년 11월, 불과 16살의 어린 나이에 청구 씨름단에 입단하여 프로 씨름꾼의 길로 들어섰다. 그는 이듬해인 1993년 7월 제28회 천하장사대회에서 사상 최연소(17세 3개월)의 나이로 천하장사에 등극하여 모래판에 '소년 장사' 열풍을 일으킨 주인공이 되었다.

씨름선수로서 상체가 잘 발달된 이상적인 체형에다 천부적인 감각과 뛰어난 유연성, 순발력으로 무장한 백승일은 1994년까지 두 차례나 더 천하장사에 오르며(29, 31회) 모래판을 평정하여 '천재 씨름소년'이라는 칭호를 들었다.

그러나 백승일은 1993년 말 동갑내기 이태현이 청구에 입단하면서 입지가 흔들리기 시작하였다. 1994년 9월 부산에서 열린 제32회 천하장사대회 결승에서 이태현과 맞대결하여 1시간 25분에 걸쳐 12판의 대접전을 치른 끝에 사상 초유의 '계체패'를 당한 것을 계기로 하강곡선을 그었다. 그후

천재 소년장사 백승일의 환호 천재 소년장사로 이름을 떨쳤던 백승일은 2001년 5월 4일 거제장사 백두급 결승에서 이태현을 물리치고 55개월 만에 정상에 다시 섰다.

IMF로 인해 팀이 해체되면서 유랑길에 나서 매년 둥지를 옮겨 다니는 신세가 되었고 2000년 10월 LG 씨름단으로 옮긴 뒤 거제에서 열린 지역장사대회 백두급에서 통산 5번째로 우승. 무려 55개월 만에 '부활'을 알렸다.

신3강(김경수, 신봉민, 이태현)

1994년 이후 20세기가 저물 때까지 김경수(金慶洙. 1972년생. 187센티미터. 153킬로그램), 신봉민(辛奉珉. 1974년생. 187센티미터. 146킬로그램), 이태현(李太鉉. 1976년생. 196센티미터. 138킬로그램) 등 이른바 '신(新)3강'이 서로 물고 물리며 프로 씨름판을 지배했다.

이들 가운데 가장 먼저 천하장사에 오른 것은 신봉민이다. 부산 금성고등

이태현과 김성률 2000년 천하장사 이태현이 1970년대에 씨름판의 '지존'으로 군림했던 김성률을 번쩍 들어보이고 있다. 30년 세월을 뛰어넘은 두 장사의 모습에서 씨름판의 변화를 실감할 수 있다.

학교를 나와 1994년 현대 씨름단에 입단한 신봉민은 제30회 천하장사대회 (1994년 3월 14일 청주)에서 김정필을 꺾고 천하장사에 올라 '데뷔 후 최단 시일(33일)' 천하장사 등극의 기록을 남겼다. 신봉민은 2001년까지 천하장사 2번, 백두장사 3번, 지역장사대회에서 7번 우승했다.

김천 태생인 이태현은 의성고등학교 3년 때인 1993년 아마추어 무대에서 전무후무한 7관왕의 대기록을 세우고 프로로 전향하여 청구 씨름단에 몸을 담고 '신3강'의 일각을 세웠다. 그뒤 1994년 9월 제32회 천하장사대회에서 첫 우승을 일궈낸 다음 2000년 통일천하장사 자리에 올랐고 백두장사 11차례, 지역장사 11차례를 지냈다.

'신3강' 가운데 가장 나이가 많은 김경수는 신봉민과 같은 들배지기를 주무기로 삼는 정통파 씨름꾼이다. 동양공업고등학교를 나온 김경수는 인제대학교 재학 도중 1994년 말 LG증권 씨름단에 입단하여 1995년에 통일천하장사 타이틀을 따냈다. '뚝심'의 씨름꾼으로 1996년 통일천하장사를 2연패했고 백두급 3번, 지역장사 3번을 제패했다.

거인 장사들(김용주, 박범조, 이봉걸, 김영현, 최홍만)

우리나라 씨름판에는 주기적으로 '인간장대' 씨름꾼들이 등장, 구경꾼들에게 색다른 즐거움을 선사했다.

해방 직후 꺽다리 장사는 1950년대 말과 60년 초 모래판을 주름잡았던 김용주(214센티미터)이다. 그는 장신 씨름꾼의 원조격이다. 일양약품 씨름단 감독을 지낸 김학룡과 더불어 강자로 이름을 드날렸다. 울산이 고향이었던 김용주는 1960년 한국일보사 주최 장사씨름대회 2연패를 달성했던 이름난 씨름꾼이었다. 김학룡의 회고에 의하면 그가 샅바를 잡고 일어서면 원체 체구가 긴 탓에 상대편은 제대로 맥도 추지 못하고 샅바를 놓아 버리기 일쑤였다고 한다. 탁월한 씨름꾼이었던 그는 5·16군사쿠데타 직후 프로레슬링을 하기 위해 역도산(力道山)을 찾아 일본으로 건너갔으나 이미 허리를

거인장사들의 키 자랑 신흥 거인 최홍만(왼쪽. 동아대학교. 218센티미터)과 역대 프로씨름판 최장신 김영현(오른쪽. LG증권. 217센티미터) 사이에 '배꼽춤'으로 인기를 끌었던 박광덕(183센티미터)이 끼어들어 익살스런 표정을 짓고 있다.

다쳐 운동을 포기했다고 전해진다.

김용주의 대를 이은 거인은 박범조다. 204센티미터, 125킬로그램의 거한으로 1970년대 중반까지 모래판에서 강자로 군림했다. 경북 의성 태생이며 씨름으로 시작하여 육상 던지기와 레슬링을 전전하다 은퇴했다. (129쪽 사진)

이봉걸(李鳳杰)은 1980년대 중반 프로 민속씨름판을 뒤흔들었던 인물이다. 205센티미터, 135킬로그램의 거구로 1990년 7월 부상으로 모래판을 떠날 때까지 프로 씨름 통산 255전 187승 78패의 전적을 남겼고 천하장사 2번, 백두장사급 4번 우승을 기록했다.

1990년대 중반에는 김영현(金永賢)이 혜성처럼 등장하여 일거에 모래판을 휘어잡았다. 217센티미터, 155킬로그램의 체구를 자랑한 김영현은 한영고등학교 3년 때인 1994년부터 두각을 나타내기 시작하였다. 그해 아마추어 전국무대 6관왕에 올랐으며, 이듬해 프로로 전향하여 LG증권 씨름단에 입단하면서 본격적으로 씨름 강자의 반열에 이름을 올렸다. 민속씨름을 주관하는 한국씨름연맹은 연간 2, 3차례씩 치렀던 천하장사대회를 1995년부터는 연말 총결산대회로 통일하여 한 차례만 열었다. 김영현은 이 천하장사대회에서 98년과 99년에 우승하여 '거인의 힘'을 만천하에 알렸다. 그는 프로로 전향하기 전인 1994년 6월부터 1995년 7월까지 아마 무대에서 역대 최다인 54연승을 기록하기도 했다.

그의 뒤를 이어 21세기의 첫해인 2001년에는 제주도 한림 출신으로 218센티미터, 160킬로그램의 거인 최홍만(崔洪萬. 1980년생)이 나타나 눈길을 끌었다. 부산 경원고등학교 1년 때부터 뒤늦게 샅바를 잡기 시작하여 동아대학교 2년 때인 2001년부터 두각을 나타내고 아마추어 무대에서 최강자로 자리매김했다.

2000년대의 새 주자 황규연

황규연(黃圭衍. 1975년생)은 2001년에 천하장사로 등극하여 프로 씨름판에 새 바람을 일으킨 샅바잡이다.

중량급 씨름선수의 산실인 서울 동양공업고등학교 출신으로 인제대학교 재학중인 1995년 10월 세경 씨름단에 입단했으나 팀이 해체되는 바람에 여러 팀을 전전(97년 현대, 99년 삼익, 2001년 신창건설)한 끝에 뒤늦게 진가를 발휘하게 되었다.

황규연은 몸무게가 150킬로그램이 넘는 씨름꾼들이 판을 치고 있는 프로 씨름판에서 기술 씨름 위주로 나름대로의 입지를 구축하여 백두급에서 3차례, 지역장사대회에서 한 차례 정상에 올랐다. 백두급치고는 상대적으로 체구(184센티미터, 135킬로그램)가 작은 편이지만 그는 다채로운 기술로 힘 씨름 위주의 샅바잡이들을 차례로 무릎 꿇려서 새로운 강자로 발돋움했다.

황규연 백두급치고는 상대적으로 체구가 작은 편이지만 다채로운 기술로 힘 씨름 위주의 샅바잡이들을 차례로 무릎 꿇려서 새로운 강자로 발돋움했다.

⊙ 1984년 한글학회가 정리한 씨름 용어표

재간 이름(54가지)

재간의 구분	재간의 이름
손 기술(12)	앞무릎치기, 앞무릎짚기, 앞무릎뒤집기, 앞무릎당기기, 앞무릎짚고밀기, 뒷무릎짚기, 옆무릎치기, 콩꺾기, 팔잡아돌리기, 앞다리들기, 손짚이기, 옆채기
다리 기술(20)	밭다리걸기, 밭다리후리기, 밭다리감아돌리기, 안다리걸기, 오금걸이, 호미걸이, 낚시걸이, 뒷발목걸이, 뒤축걸어밀기, 발목걸어틀기, 앞다리차기, 모둠앞무릎치기, 차돌리기, 무릎대어돌리기, 빗장걸이, 등처감아돌리기, 등처감아젖히기, 연장걸이, 무릎틀기, 덧걸이
허리 기술(9) (들기술)	배지기, 오른배지기, 맞배지기, 엉덩배지기, 돌림배지기, 들배지기, 들어놓기, 들안아놓기, 잡채기
종합 기술(13)	들며뿌리치기, 공중던지기, 허리꺾기, 밀어치기, 등채기, 애목잡채기, 들어잡채기, 업어던지기, 어깨넘어던지기, 자반뒤지기, 샅들어치기, 앞으로누르기, 꼭뒤집기

자세 이름(5가지)

바른 자세	기본적이며 정상적인 자세
왼어깨 자세	왼편 어깨가 서로 맞닿은 자세
왼다리 자세	왼다리가 앞으로 나온 자세
겹쳐잡기 자세	두 선수의 상체가 아래와 위로 겹쳐서 얽혀 있는 자세
황소싸움 자세	두 선수의 머리가 어깨와 팔 사이로 들어가서 마치 황소가 싸우는 듯한 자세

샅바잡기 이름(8가지)

바로 잡기	샅바를 정상적으로 잡는다.
바깥샅바 잡기	오른쪽 팔을 상대편 왼팔 위로 해서 샅바를 잡는다.
안쪽 잡기	오른손으로 상대의 안쪽 허리띠를 잡는다.
고리 잡기	두 손으로 고리만 잡는다.
등띠 잡기	등을 쳐서 띠를 잡는다.
팔 잡기	상대의 오른팔을 왼손으로 잡는다.
허리띠 잡기	두 손으로 띠만을 잡는다.
애목 잡기	상대의 목을 감아 잡는다.

⊙ 민속씨름대회 경기 규정

경기종별	단체전 / 백두장사전 / 한라장사전 / 지역장사전 / 천하장사전
경기방법	**단체전** · 경기는 단판제로 9전5선승제로 한다. · 선수구성은 정선수 9명(백두 5명, 한라 4명)과 후보선수 각 체급 2명으로 구성한다. · 선수 출전 방법은 백두급 선수와 한라급 선수가 교대로 한다. **체급장사전(백두/한라)** · 전 선수가 출전하며 경기방법은 맞붙기(토너먼트)로 한다. · 전(前) 대회 장사는 8강 진출권을 부여한다. · 청룡군 16강전(8강 선발)·8강전(1강 선발)·준결승전은 3판 양승제로, 5, 6위 진출전 및 순위 결정전은 단판제로, 결승전은 5판 다승제로 한다. **지역장사전** · 각 씨름단 대표선수가 출전하며 경기방법은 맞붙기(토너먼트)로 한다. · 지역장사 16강전(8강 선발)·8강전(1강 선발)·준결승전은 3판 양승제로, 5, 6위 진출전 및 순위 결정전은 단판제로, 결승전은 5판 다승제로 한다. **천하장사전** · 전년도 천하장사와 당해년도 지역장사 우승자 및 지역장사 종합성적순에 의한 기존의 16명과 각 씨름단에서 2명씩 추천한 16명으로 하여 32명을 선발한다. · 예선1차전: 각 씨름단 추천선수 16명은 단판제로 8명을 선발(24강)한다. · 예선2차전: 1차전에서 선발된 8명과 24강 직행시드(당해년도 종합성적 9~16위)를 배정받은 8명의 선수가 3판 양승제로 8명의 선수를 선발(16강)한다. · 예선3차전: 2차전에서 선발된 8명과 16강 직행시드(당해년도 종합성적 1~8위)를 배정받은 8명의 선수가 3판 양승제로 8강을 선발한다. · 결정전: 8강전 및 준결승전은 3판 양승제로 하며, 5, 6위 진출전 및 순위결정전은 단판제로 한다. 천하장사 결정전은 5판 다승제로 한다.

참고 문헌

方鍾鉉, 『歲時風俗集』, 硏學社, 1946.

申采浩, 『朝鮮上古史』, 鐘路書院, 1948.

崔南善, 『朝鮮常識(風俗篇)』, 東明社, 1948.

나윤출, 『朝鮮의 씨름』, 평양 국립출판사, 1958.

金鍾鎬, 『한국의 씨름』, 체육문화사, 1973.

崔常壽, 『韓國의 씨름과 그네의 硏究』, 正東出版社, 1983.

尹鶴柱·閔永淑, 『朝鮮族民俗運動』, 료녕인민출판사, 1984.

千柄植, 『釋譜詳節 第三 注解』, 亞細亞文化社, 1985.

대한씨름협회, 『씨름競技』, 대한씨름협회, 1987.

金正祿, 『씨름교본』, 서림문화사, 1990.

경북씨름협회, 『씨름』, 경북씨름협회, 1991.

일양약품씨름연구소, 『씨름교본』, 일양약품, 1991.

金光彦, 『민속지』, 조선일보사, 1994.

朴勝翰, 『씨름』, 지역발전연구센터 출판부, 1994.

조선일보사, 『아! 고구려』, 조선일보사, 1994.

하성겸, 『재미있는 민속놀이』, 평양 금성출판사, 1994.

리재선, 『우리나라 민속놀이(1)』, 평양 과학백과사전종합출판사, 1995.

李學來·金東善, 『북한의 체육』, 사람과 사람, 1995.

白文植, 『우리 말의 뿌리를 찾아서』, 三光出版社, 1998.

吳柱錫, 『옛 그림 읽기의 즐거움』, 솔출판사, 1999.

전호태, 『고분벽화로 본 고구려 이야기』, 풀빛, 1999.

鄭東吉, 『북한체육 스포츠 영웅』, 다인미디어, 2001.

한국민속씨름협회, 『씨름(창간호)』, 1983.

대한씨름협회, 『월간 씨름(창간호)』, 1984.

金東奎·申明洙, 「中國 朝鮮族 씨름의 史的 背景과 特徵」, 영남대 인문과학연구소 인
　　문연구 제11집, 1990.

出羽海智敬·向坂松彦, 『大相撲』, 同文書院, 1985.

高橋義孝, 『大相撲의 事典』, 三省堂山, 1985.

新田一郎, 『相撲의 歷史』, 山川出版社, 1994.

林伯原, 『中國體育史(上冊)』, 北京 體育學院出版社, 1987.

中國體育史學會, 『中國近代體育史』, 北京 體育學院出版社, 1989.

빛깔있는 책들 204-11

씨름

글   —이만기, 홍윤표

발행인   —장세우
발행처   —주식회사 대원사

기획·편집—김분하, 최명지, 정미정
미술   —위명자, 최윤정
총무   —이훈, 정문철, 박지현
영업   —이규헌, 강승일, 이광복,
          김재윤

첫판 1쇄 —2002년 7월 5일 발행
첫판 3쇄 —2003년 5월 30일 발행

주식회사 대원사
우편번호/140-901
서울 용산구 후암동 358-17
전화번호/(02) 757-6717~9
팩시밀리/(02) 775-8043
등록번호/제 3-191호
http://www.daewonsa.co.kr

잘못된 책은 책방에서 바꿔 드립니다.
ψ 값 13,000원

씨르미 캐릭터 ⓒ 이정주

Daewonsa Publishing Co., Ltd.
Printed in Korea(2002)

ISBN 89-369-0248-2 04690

빛깔있는 책들

민속(분류번호 : 101)

고미술(분류번호 : 102)

불교 문화(분류번호 : 103)

음식 일반(분류번호 : 201)

건강 식품(분류번호 : 202)

즐거운 생활(분류번호 : 203)

건강 생활(분류번호 : 204)

한국의 자연(분류번호 : 301)

미술 일반(분류번호 : 401)